가족 공부

일러두기

각 클래스가 전달하는 내용과 의미에 따라 '엄마' '아빠'와 '어머니' '아버지'를 혼용했습니다.

우리가 평생 풀지 못한 마음의 숙제

가족공부

| 최광현 지음 |

당신은 가족에 대해 얼마나 알고 있습니까?

상처는 혼자 자라지 않는다

우리가 인생을 살면서 가족은 마치 공기처럼 너무나 익숙해 그 존재를 느끼지 못할 수 있습니다. 하지만 숨을 쉬듯 당연하게 여겼던 삶 속에서 가장 힘들고 위급한 순간과 맞닥뜨린다면 누가 가장 먼저 떠오를까요?

세계인들에게 여전히 트라우마로 각인된 사건이 있습니다. 새로운 세기가 시작된 이듬해 9월 11일 오전 9시부터 오후 5시 20분 사이에 미국 뉴욕에서 발생한, 이른바 911 테러입니다. 911 테러 소식이 알려졌을 때 갑자기 엄청난 전화량이 폭주합니다. 비극의 당사자가 아닌데도, 수많은 사람이 한꺼번에 누군가의 안부를 묻게 된 것이죠. 전화를 걸고, 받았던 대상들은 대부분 사랑하는 가족, 아내, 남편…… 무엇보다 소중한 자녀들이었습니다. 삶의 가장 힘든 순간에 자기 자신도 모르게 전화를 걸어 안부를 물은 첫 대상이 가족이었던 셈이죠. 삶의 벼랑을 깨달은 순간 가족의 소중함이 한꺼번에 드러났다고 해야 할까요.

하지만 우리가 무심히 살아가는 일상 속에서 가족은 숨겨진 면이 더 많습니다. 소중하고 그리운 만큼 떠올리기만 해도 가슴이 무거워지고, 짐스럽고, 때로 한없이 미운 마음에 죄책감을 느끼기도 합니다. 우리에게는 저마다 가족의 드러난 면과 숨겨진 면이 낮과 밤처럼 공존하고 있습니다.

모든 상처는 가족에서 태어난다

오늘날에도 가족은 여전히 우리에게 최후의 보루로 여겨지고 있습니다. 지치고 힘들 때 마지막 피난처라고 할까요. 그런데 이렇게 되물어봅니다. 가족이 언제나 우리에게 안식처이기만 할까?

우리가 살면서 가장 힘들었던 순간은 언제였을까요?

가장 먼저 떠오르는 마음의 풍경은 외로움입니다. 사람은 대부분 혼자 있을 때 외롭죠. 하지만 혼자일 때 자유로움을 느낄 수도 있습니다. 이를테면 혼자 산책할 때 오히려 홀가분한 자유를 만끽할 수도 있습니다.

그런데 정말 외로운 순간은 사랑하는 사람들과 함께 있는데 그 속에서 불쑥 느껴지는 외로움이 아닐까 생각합니다. 가족과 함께 식사하고, 이런저런 이야기를 나누고, TV를 보다가 한순간 밀려오는 외로움이 있습니다. 그 근원적인 외로움은 가족에게 쉽게 꺼내놓을 수 없습니다.

우리가 힘든 일을 겪으면, 어쩌면 나 혼자만의 인생이라고 여긴다면 관계의 희망이나 소통을 포기하는 것이 좀 더 쉬울 수 있습니다. 하지만 내 인생이 내 것만이 아니라, 사랑하는 가족을 지켜야 할 일원 중 하나라고 생각하면 마음은 복잡해집니다. 부모나 자녀를 떠올리면서 힘을 내고 헤쳐 나가야지 하는 삶의 의지가 샘솟기도 하지만 내 삶을 한없이 옥죄는 굴레처럼 여겨져 마음의 생채기가 더 곪아버릴 수도 있습니다.

사실 많은 사람은 가족이라는 단어만 떠올려도 지긋지긋해합니다. 실제로 주변을 둘러보면 가족이라는 말이 그렇게 안정감을 주지 않는 경우도 많습니다. 나에게 힘이 '되어주는' 반면에 짐이 '되어지는' 이 애증의 모습이 모두 가족 안에 존재합니다. 사랑하지만 지긋지긋한, 너무너무 소중하지만 가장 상처를 주는, 사랑하지만 미워할 수밖에 없는 애증의 딜레마. 놀랍게도 우리가 인생을 살면서 가장 큰 상처는 대부분 가족 사이에서 발생합니다. 얼핏 생각하면 상처는 가족 바깥에서 벌어질 것 같지만 의외로 상처가 처음 태어나는 근원지가 바로 가족인 것입니다.

인간은 사랑을 뿌리 깊이 갈망하는 존재

얼마 전 지하철을 타고 약속 장소로 가던 중이었습니다. 하필이면 출근길에 걸려서 객차 안은 몸 돌릴 틈도 없이 만원이었습니다. 저는 겨우 몸을 가누면서 어서 빨리 앉을 수 있는 자리가 생기기만 바랐습니다. 사실 자리에 앉고 싶은 마음은 몸이 고된 것도 있지만 사람과 부대끼는 게 너무 힘들어 곤두선 신경을 내려놓고 싶은 탓이 더 큽니다.

저는 주변을 두리번거리다 다음 정거장에서 내릴 듯한 승객 앞에 멈춰 섰습니다. 예감이 들어맞아 승객은 객차가 정거장에 들어서자 일어섰고, 저는 안도의 한숨을 내쉬면서 자리에 앉으려고 했습니다. 그런데 갑자기 뒤에 서 있던 한 학생이 쏜살같이 달려와서 저를 밀쳐내고 자리에 앉는 것이었습니다.

그 학생은 아무렇지 않은 표정으로 앉자마자 스마트폰을 꺼내서 게임을 하기 시작했습니다. 저는 새치기를 당한 상황이 너무 어이가 없어 한순간 화를 쏟아내야 할지 고민에 빠졌습니다. 하지만 싸움을 걸어봤자 쓸데없이 실랑이만 길어질 것 같아 화난 마음을 참고 약속 장소까지 선 채 가게 됐습니다.

일상에서 무수히 겪는 사소한 이야기를 꺼낸 까닭은 우리는 어쩌면 늘 상처받고 있다는 말을 하고 싶기 때문입니다. 우리는 매일매일, 조금씩 상처에 노출됩니다. 그날 저는 목적지에 와서 사람들을 만나고 업무를 보다가 지하철을 타는 내내 마음을 지배했던 상처가 자연스레 소화된 걸 느꼈습니다. 그리고 미워했던 그 학생을 이 넓은 도시에서 두 번 다시 만날 가능성은 거의 없다는 사실을 깨달았습니다. 그 학생과 나는 어떤 관계의 고리도 가지고 있지 않기 때문입니다.

우리가 잊을 수 없는 상처, 여전히 내 안에 웅크리고, 똬리를 틀고 있는 그 상처는 상처의 크기가 커서가 아니라 내가 사랑했던, 어쩌면 내가 정말 필요했던 그 사람에게 받았던 상처이기 때문입니다. 그러다 보니 가족이라는 영역 속에서 받은 상처는 그만큼 더 오래가고 아플 수 있습니다.

건강한 가족, 상처가 없고 말 그대로 우리의 피난처가 되는 가족의 모습은 행복하겠다고, 잘살아보겠다고 하는 의지만으로 이루기 어렵습니다. 요즘 많은 사람이 '소소하지만 확실한 행복', '소확행'이라는 말을 삶의 이정표처럼 여기고 있습니다. 예전처럼 커다란 목표를 설정하고 반드시 이뤄내겠다는 '의지'보다 일상의 소소한 행복을 찾는 '만족'이 우리 시대의 트렌드로 자리 잡고 있습니다.

그렇다면 소확행에서 가장 중요한 것은 무엇일까요? 내가 사랑하는, 소중하게 여기는 사람들과 행복하게 사는 것, 그것이

출발점 아니겠습니까? 하지만 행복하고 건강한 가족은 '소소한' 의지만으로 찾을 수 있는 목적지가 아닙니다.

에리히 프롬*은 《사랑이 기술》에서 이렇게 묻습니다.

"사랑에 실패하면서도 왜 사랑의 기술을 도무지 배우려 하지 않는가?"

에리히 프롬은 일, 성공, 위신, 돈, 권력을 얻기 위해 애를 쓰면서 정작 사랑의 기술에 대해서 아무런 노력을 하지 않는다는 사실을 지적합니다. '심리학의 아버지' 프로이트의 관점에서는 이러한 사회적 평판을 위한 노력은 사랑을 얻기 위한 행위입니다. 성공하면 그만큼 사랑받을 가능성이 커지기 때문입니다.

정신분석은 우리 인간이 사랑을 뿌리 깊이 갈망하는 존재라고 말합니다. 본능적으로 사랑을 타고난 인간이 갈망하는 대상은 이성관계만이 아닌 두 사람의 결합을 통해 만들어지는 가족관계를 통해 확대됩니다. 엄마가 아기에게 품는 깊은 모성애는 사랑의 이상적인 모습이기도 합니다. 아무런 조건 없이 무조건 사랑받았던 이 순간은 우리에게 일생 동안 노스탤지어를 불러일으킵니다.

프로이트는 엄마에게 무조건 사랑받았던 아기는 평생 동안

---

* Erich Fromm(1900~1980) 독일 유대인 가정에서 태어나 나치 정권을 피해 미국으로 망명한 미국 신프로이트학파의 정신분석학자이자 사회심리학자.

애정 결핍 없이 건강하게 일과 사랑에서 균형 잡힌 삶이 가능하다고 보았습니다. 그러나 엄마의 모성애는 단지 엄마와 아기와의 관계만이 아닌, 아내를 사랑할 수 있는 남편이라는 존재가 반드시 필요합니다. 저는 에리히 프롬이 말하는 사랑의 기술이 가족관계로 확대될 때 진정한 행복의 기술을 배울 수 있다고 생각합니다.

가족의 사랑이 우리 삶에 숨겨진 비밀 병기이다

한 가족이 형성하는 협력이 가족애를 만들어냅니다. 요아힘 바우어*는 이 가족애가 우리의 비밀 병기라고 이야기합니다.

저는 30년 가까이 가족상담사로 활동하면서 한 사람의 인생이 무너지고, 가족이 붕괴하는 과정을 수없이 지켜봤습니다. 그런데 한 사람의 인생이 나락으로 떨어지는 일련의 불행을 지켜보면서 공통점이 있다는 사실을 느꼈습니다.

불행에는 일종의 전조가 존재하는데, 그것은 바로 그동안 유지되었던 가족 사이의 단단한 협력이 무너졌을 때입니다. 가족

---

* Joachim Bauer(1951~) 독일 튀빙겐에서 태어난 신경생물학자이자 정신과 의사. '교육자들을 위한 건강 연구소' 소장을 역임했다.

애가 붕괴되면 사람들은 대부분 외부적인 압박이나 위기가 닥쳤을 때 버티지 못하고 가정과 사회가 한꺼번에 무너지는 경우가 너무 많았습니다.

오늘날 우리는 전 세계적인 위기의 시대를 맞이하고 있습니다. 감염병 대유행이 불러온 수많은 혼란 속에서 사람들은 사랑하는 가족과 동료를 위해 얼마나 협력하고 제대로 유지하는가를 생존 비결로 인식하게 되었습니다.

50년 가까이 일본에서 변호사로 활동했던 니시나카 쓰토무(西中務)가 쓴 《운을 읽는 변호사》라는 책이 있습니다. 쓰토무 변호사는 클라이언트를 처음 만났을 때 중요한 한 가지가 있다고 말합니다. 그것은 바로 상대가 운이 좋은 사람인가 나쁜 사람인가 구분하는 것입니다. 그런데 쓰토무 변호사는 한 사람의 운이 얼굴에 다 드러난다고 말합니다. 관상을 말하는 것이 아니라 한 사람의 삶 속에서 인간관계나 가족관계가 나빠지면 신기하게도 그 사람의 운도 나빠져 얼굴에 드러난다는 사실을 수많은 상담과 경험을 통해 저절로 깨닫게 된 것입니다.

저 또한 부부 사이에 불화가 생기고 오랜 긴장과 갈등을 유지하는 순간 사업에 어려움이 오고, 부부 사이가 화목하던 시절에는 없던 직장생활에 위기가 찾아오는 분들을 수없이 지켜보았습니다. 부모의 부부관계가 어렵고, 가족 안에서 끊임없는 갈등이 발생하는 환경에 노출된 자녀들이 정서적으로 힘들어하고, 직업에서 어려움을 겪는 경우도 자주 지켜볼 수 있었습니다.

우리는 가족 안에서 사랑하지만 상처를 주고받는 그런 양가 감정에 고통을 받습니다. 관계 회복은 역설적이지만 상대방을 변화시키려는 노력만으로 부족합니다. 가족상담을 하다 보면 많은 부부가 이미 결론을 내리고 찾아오는 경우가 많습니다. 자신이 아닌, 상대방이 변해야 한다는 것이죠.

"나는 이 사람 때문에 너무 힘듭니다. 이 사람이 변해야 합니다. 변하게 도와주세요."

저는 그분들의 고통을 충분히 이해할 수 있습니다. 그런데 상대의 변화를 요구하는 당사자는 대부분 아내나 남편 혼자가 아닙니다. 문제는 부부 두 사람이 똑같은 입장이고, 서로 원망하는 것이죠. 아내도 남편이 문제라고 보고, 남편도 아내가 먼저 변해야 한다고 주장합니다. 어쩌면 그 부부의 말은 전혀 틀리지 않습니다. 하지만 자기만의 입장을 계속 고수하다 보면 결국은 한 명을 무너뜨리거나 제압할 수밖에 없는 상황이 발생합니다. 여기에서 가족상담 전문가로서 건넬 수 있는 방법은 상대방을 바꾸려고 하는 노력과 더불어 내 자신의 변화도 한번 돌아보기를 조언하는 것입니다.

가족의 변화는 나의 변화에서 출발한다

내가 변하지 않으면 가족이 변하지 않습니다. 상대방을 바꾸려고 하는 노력과 더불어 내가 상대방에게 취했던 자세를 바꾸는 것이 필요합니다. 내가 아내를, 남편을, 자녀를 그동안 못마땅하게 바라봤던 그 시각을, 관점을 조금 바꾸는 노력들이 우리 모두에게 필요합니다.

쓰토무 변호사는 《운을 읽는 변호사》에서 가족이 서로의 상처를 들여다보고 변화하는 하나의 사례를 들려줍니다.

어느 날 한 여성이 이혼을 상담하러 찾아옵니다. 이 여성은 이혼에 대한 의지가 너무 강했습니다. 그런데 쓰토무 변호사는 이혼을 만류하고, 시간을 둔 뒤 다음 만남을 약속합니다. 그토록 남편과 헤어지고 싶어 했던 여성은 다음번에 찾아왔을 때 더 이상 이혼하지 않겠다고, 이제부터 잘살아보겠다고 말합니다. 쓰토무 변호사는 깜짝 놀라 그동안 무슨 일이 있었느냐고 되묻습니다.

여성은 그동안 남편과 이혼하려고 했던 이유가 매일 술을 먹고 퇴근하는 바람에 대화가 힘들고, 정서적으로 교감도 어려워 어떤 희망도 꿈꿀 수 없다고 생각했습니다. 남편은 육체노동과 관련된 직업을 가지고 있었습니다. 이 여성은 이혼 상담을 하고 난 뒤 어느 날 전철을 타고 가다 차창 너머로 보이는 도로 한가

운데에서 열심히 일하고 있는 인부들을 보게 됐습니다. 그리고 그 사이에 서 있는 남편을 목격한 것입니다. 남편이 힘든 일로 생계비를 번다는 것은 알았지만 여성이 남편의 노동 현장을 직접 본 것은 처음이었습니다. 정말 뜨거운 여름이었고, 아스팔트는 달궈져 있고, 거기서 열심히 일하는 남편의 모습을 본 순간 여성은 자신을 한번 되돌아보게 되었습니다.

온종일 땀을 뻘뻘 흘리면서 일했으니까 당연히 퇴근길에 시원한 맥주 한잔이 간절했을 테고, 술을 마시고 집에 들어올 때마다 아내와 갈등을 빚어 술을 찾을 수밖에 없는 상황이 반복될 수밖에 없는 환경이었다는 것을 조금 이해한 것이죠. 이 여성은 내가 이렇게 열심히 사는 남편을 원망만 한다면 후회하는 삶을 살 것 같다고 이야기하면서, 이혼이 아니라 좀 더 남편을 이해하는 시각을 가져보겠다고 마음을 정리할 수 있었습니다.

가족 사이에 대화가 단절되고, 협력이 무너지는 상황이라면 일종의 치료제가 있습니다. 역지사지, 서로 처지를 바꾸어 이해하는 마음입니다. 가족상담사에게 가장 중요한 작업도 바로 역지사지를 이끌어내는 것입니다. 가족의 아픔에 무조건 공감하는 것이 아니라 서로 미워하고 자기 중심에서 상대를 바라보는 당사자들이 갈등의 벽을 허물고 입장을 바꾸어 마음을 들여다보도록 도와주고 안내하는 것이 가족상담사 역할인 것 같습니다.

우리 가족은 아무 문제가 없다고 이야기하는 사람은 별로 없
을 것입니다. 설령 우리 가족은 완벽하고 아무 문제없다고 한다
면 사실 그게 더 염려스럽습니다.

우리가 살고 있는 이 세상은 끝없는 갈등과 문제를 안고 있습
니다. 가족도 마찬가지입니다. 하지만 끝없는 문제가 오더라도
그것을 해결하고 앞으로 나아가야 합니다.

가족은 언제나 화목할 수 없습니다. 그리고 이 사실을 받아들
일 수 있다면 오히려 조금 더 여유 있게 가족의 문제와 갈등을
위해서 애쓸 수 있지 않을까 싶습니다.

가족은 우리가 정말 피난할 수 있는 마지막 안식처이자 가장
깊은 상처와 아픔을 주는 공간일 수 있습니다. 이런 가족의 두
가지 면이 우리 안에 모두 놓여 있습니다.

우리의 관계는 모두 가족에서 출발합니다. 부모와 자녀, 엄마
와 딸, 아버지와 아들……의 초상은 모든 세대를 아우르는 우리
사회, 세계의 문제와 맞물립니다. 지금부터 우리가 품고 있는
가족의 비밀과 희망의 여정을 시작하겠습니다.

CONTENTS

"가정 안에서 부모와 자녀 사이에
하루에도 수없이 삼각관계가 발생합니다.
이렇게 발생한 삼각관계는 계속 갈등의 불을 지피기 때문에
그 불씨를 없애는 게 필요합니다.
해결의 시작은 두 사람 사이의 관계에서
긴장과 불안이 올라왔을 때 자동적으로
누군가를 끌어들이는 것을 줄이는 것입니다."

Part 1

부모와 자녀, 친구와 거울 사이

대물림

상처는 유전자보다 강하게 반복된다

Class
1

일엽지추(一葉知秋). "나뭇잎 하나가 떨어진 모습을 보고 가을이 온다는 것을 안다."는 고사성어가 있습니다. 이 말은 한 가지 일을 보고 장차 다가올 일을 미리 짐작한다는 뜻입니다. 또 성악설을 주장했던 순자는 "천년의 일을 알고자 한다면 오늘부터 헤아리고 억만 가지의 일을 알고자 한다면 한두 가지 일부터 살펴라."고 말했습니다.

제가 이 두 격언을 소개하는 이유는 모든 문제에는 일정한 조짐과 패턴이 있다는 이야기를 하고 싶기 때문입니다. 이 사소한 질서의 근원을 살펴볼 수 있다면 전체를 보지 않고도 파악할 수 있다는 의미입니다.

우리가 가족 안에서 겪는 수많은 문제와 고통, 행복과 기쁨은 일정한 패턴이 있습니다. 만약에 그 패턴을 우리가 알 수 있다면 훨씬 더 행복할 수 있겠죠. 하지만 우리가 그 패턴을 모른다면 불행은 계속해서 반복되고 되풀이되기 일쑤입니다. 그래서 문제를 해결하기 위해서는 문제 자체만 들여다보는 것이 아니라 전체의 흐름을 헤아릴 수 있어야 합니다.

가족 문제는 부모와 자식 사이에 동일한 패턴을 가진다

고등학생 딸이 가출한 문제로 상담실을 찾아온 엄마가 있었습니다. 딸은 아버지와 소통이 어렵다는 문제로 갈등을 빚었고, 결국 가출하고 말았습니다. 이 가족의 겉으로 드러난 문제는 가출한 딸, 가부장적이고 소통이 힘든 아버지였습니다. 저는 엄마를 상담하면서 현재 이 가족이 가진 문제가 반복적이라는 사실을 발견했습니다.

엄마는 세 자매 중 막내로 태어났고, 두 언니와 자신 모두 고등학교 시절에 가출한 경험이 있다는 사실을 알아챘습니다. 모든 원인은 아버지였습니다. 세 자매는 가부장적이고 가족을 지나치게 억압하고 통제하려는 아버지에 대한 반발로 집을 뛰쳐나간 것이었습니다. 친정어머니 역시 아버지에게 몹시 억압당해 세 딸을 보호할 처지가 아니었습니다. 가출한 딸의 문제로 상담실을 찾아온 엄마는 자기의 어린 시절과 현재의 문제가 비슷하게 반복되고 있다는 사실을 깨닫기 시작했습니다. 남편은 친정아버지만큼 억압적이지 않았지만 딸 입장에서 충분히 고통스러운 상황이었고, 무엇보다 본인이 지난날 친정어머니처럼 딸을 보호하지 못했다는 사실을 받아들이면서 회복의 장을 시작할 수 있었습니다.

10대 자녀의 많은 증상에는 부모에 대한 분노가 원인인 경우가 많습니다. 부모에 대한 분노를 어떻게 해결해야 할지 모르는 청소년들은 놀랍게도 세대를 반복하는 경우가 대부분입니다. 엄마와 아버지가 어린 시절 당신의 부모에게 느꼈던 분노가 자녀 세대에게 대물림되어 이전 세대 피해자인 부모에게 유사한 분노를 가지는 것입니다.

가족 문제의 회복은 많은 경우 가족 안에서 지속되고 있는 반복성, 그 불행의 일정한 패턴을 발견하는 것에서 시작할 수 있습니다. 즉, 세대와 세대, 어린 시절과 현재 모습 등에서 반복되는 일정한 패턴을 발견하는 것이 바로 출발점입니다.

사람들은 대부분 자주 가는 카페나 식당, 도서관에 '지정 좌석'을 가지고 있습니다. 늘 앉는 자리가 정해져 있어 카페 문을 열고 들어가자마자 저절로 그곳으로 몸이 향하기 마련이죠. 다른 빈자리가 많은데도, 우리는 늘 하던 방식, 패턴에 따라 움직입니다. 마트에 가도 수많은 선택지가 있는데, 대부분 늘 가는 길을 따라 시장을 봅니다. 이렇듯 우리가 익숙하게 움직이는 자취나 방향을 '동선(動線)'이라고 합니다. 불행한 가족에게도 일정한 동선이 존재합니다. 늘 싸우고, 고통받으면서도 고집스럽게 되풀이하고 마는 일정한 반복성이 있는 것이죠.

제 어머니는 청결에 대한 강박증이 있었던 것 같습니다. 저와 여동생에게 항상 방을 청소하라고 잔소리했는데, 어머니 성에 차지 않아 결국 당신이 또다시 아이들 방을 청소하기 일쑤였습니다. 저는 어느 순간부터 '어머니가 또 청소하실 건데……' 생각하게 됐고, 잔소리를 들어도 방을 정리하지 않았습니다. 그런데 여동생은 저와 정반대 길을 걸어갔습니다.

여동생이 결혼한 뒤 신혼집에 들렀는데 저는 깜짝 놀라고 말았습니다. 먼지 한 톨 없는 집을 보는 순간 어머니가 여동생 집에 들른 줄 착각할 정도였습니다. 어린 시절 어머니 잔소리에 청소를 포기해 지금까지 책상을 항상 어지럽혀 아내에게 혼나는 저와 달리 여동생은 날마다 집을 쓸고 닦는 게 버릇이 된 것입니다. 남매는 어머니의 강박적인 청소로 인해 늘 스트레스를 받았는데, 어른이 된 뒤에는 완전히 극단적인 모습으로 나뉘었습니다.

가족 문제는 우리 남매의 생활 습관처럼 일상 속에서 반복되고, 때로 극단적인 양상을 띠는 경우가 있습니다. 그리고 이 극과 극은 뫼비우스의 띠처럼 결국 맞물릴 수밖에 없습니다.

가족의 겨울에는 오래된 서리가 내려앉아 있다

알코올 중독이 심한 아버지 때문에 큰 고통을 받은 여성이 있었습니다. 여성은 아버지의 알코올 중독에 진절머리가 나서 술을 입에도 대지 않는 남성을 배우자로 선택하겠다고 결심했습니다. 남성을 사귈 때마다 상대가 아무리 괜찮아도 술을 마시면 무조건 결별을 선택했고, 드디어 술을 한 모금도 마시지 않는 남성을 만났습니다. 그런데 그 남성은 술은 전혀 마시지 못하지만 아버지보다 더욱 무능해서 가장 역할을 전혀 하지 못했습니다. 저는 상담을 통해 이 여성이 분명히 아버지와 전혀 다른 상대를 선택했지만 결국 그 그늘에서 벗어나지 못하고 있다는 사실을 발견했습니다.

가족상담을 하다 보면 대부분의 가족 문제가 아버지와 관련됩니다. 하지만 아내와 아이들을 고통스럽게 만드는 장본인인 아버지와 상담하다 보면 그 또한 가해자가 아니라 오랜 시절 '아버지'로부터 상처받은 피해자일 수 있다는 생각을 하게 됩니다.

이 사람은 지금 가해자가 분명한데, 수십 년 전 그 꼬마는 가부장적인 아버지의 권위에 짓눌려 너무 고통받은 기억에 사로잡혀 있습니다. 그 꼬마가 이제는 아버지가 돼 자신도 모르게 가장 소중한 사람들에게 똑같은 상처를 반복해 쏟아내고 있는 것입니다.

고통의 악순환에서 벗어나지 못하는 가족을 상담하다 보면 가슴이 쓰라립니다. 무엇보다 안타까운 사실은 어린 시절의 불행을 가해자로 반복하고 있는 아버지들은 대부분 그 사실을 인식하지 못한다는 것입니다. 상처받은 가족의 회복은 과거에 발생한 고통이 현재를 살아가는 우리에게 어떤 영향을 미치고 있고, 어떻게 이 상처를 극복해 가는지 아는 통찰에서 비로소 시작합니다.

동양의 고전 《주역》에 이런 말이 있습니다. '적선지가 필유여경(積善之家 必有餘慶)', '선행을 쌓는 집안에는 반드시 남는 경사가 있다.'라는 뜻입니다. 이 고사성어에서 조선시대의 생활 윤리였던 '어려운 사람을 위해 베푸는' '적선(積善)'이라는 개념이 만들어집니다. 또한 《주역》의 '계사하전' '곤괘(困卦)'에 보면 이런 말이 나옵니다. '서리를 밟으면 단단한 얼음이 온다.' 서리가 내리는 가을이 왔다면 얼음이 어는 겨울이 머지않았다는 뜻이죠. 서리가 내리기 전에 얼음이 어는 일은 없습니다. 모든 일은 순차적이고 점진적으로 쌓여서 이루어집니다.

한 가족의 갈등과 고통은 일정한 역사를 가지고 있습니다. 상처받은 가족에게는 이미 서리가 내렸던 것인데, 그것을 인지하지 못하고 결국 얼음이 어는 겨울에 도달한 것입니다. 따라서 가족 문제는 어느 날 갑자기 찾아온 상처가 아니고, 누군가의 일방적인 문제만으로 발생하는 고통이 아니라는 사실을 바라보는 통찰이 필요합니다. 서리가 내리는 것을 보고 겨울이 머지않았다는 사실을 알아차린다면 가족 문제는 얼마든지 달라질 수 있습니다.

어제의 고통을 반복하는 강박

가족 문제의 핵심 중 하나는 가족 안에 내려오는 정서적 유산을 아는 것입니다. 분석심리학의 기초를 세운 칼 융(Carl Gustav Jung)은 이 정서적 유산을 '카르마(karma)'라고 표현합니다. 카르마는 '원인에는 반드시 결과가 있기 마련'이라는 인과사상을 바탕으로 합니다. 우리가 어떤 방식으로든 여러 세대에 걸친 카르마의 반복성을 깨달을 수 있다면 이 불행의 반복성에서 드디어 벗어날 수 있습니다.

이 불행의 반복성을 최초로 규명한 장본인은 프로이트입니다. 프로이트는 자신도 모르게 어린 시절 불행을 경험했던 사람이 그 상처를 고스란히 이어가는 모습을 관찰합니다. 많은 사람이 더 이상 그렇게 살 필요가 없는데, 어린 시절에 겪은 불행의 연속성을 반복하는 것을 보게 된 것이죠. 프로이트는 이 현상에 대해 '반복강박(Repetition Compulsion)'이라는 이름을 붙입니다. '괴롭고 고통스러웠던 과거의 상황을 반복하고자 하는 강박적인 충동'인 반복강박은 정신분석의 핵심입니다. 저 또한 가족 상담을 통해 숱한 반복강박에 시달리는 가족을 만났습니다.

아버지의 외도로 큰 고통을 받았던 가정에서 성장한 자녀가 있습니다. 자녀는 끊임없이 반복되는 아버지의 여자 문제가 지긋지긋했고, 언제나 분노와 슬픔 가운데 있던 어머니의 넋이 나간 모습을 보는 것도 지쳤다고 합니다. 공교롭게도 아버지의 외도로 인한 아픔을 가진 자녀들은 성장해서 외도를 하거나, 외도의 문제를 야기할 배우자와 결혼할 가능성이 아주 큽니다.

인간은 이기적인 존재이고, 자기에게 이로운 삶을 선택할 것 같지만 가족 문제에서는 예외인 경우가 많습니다. 학대받고 자란 아이가 정작 성인이 됐을 때 그 끔찍한 학대를 반복하는 경우가 부지기수이고, 폭력, 경제적인 무능, 냉담함, 무관심, 방임…… 이 모든 가족 문제도 반복성의 대표적인 현상들이라고 할 수 있습니다.

가족상담을 하다 보면 늘 가슴 아프게 관찰하는 모습이 있습니다. 정말 힘들게 어린 시절을 보냈던 사람들은 그 상처를 치유하고 싶어 하지만 정작 해결 방법은 대부분 놀랍게도 어린 시절의 불행을 재현하는 것입니다. 당신의 불행과 아무 상관없는 현재의 가족을 대상으로 과거의 불행을 반복하고 해결하려고 한다는 것이죠.

불행의 반복성은 유명인이라고 예외는 아닙니다. 대표적인 예가 애플을 창립한 스티브 잡스입니다. 스티브 잡스의 친부는 시리아 출신의 유학생이었고, 미국 여성과 사랑에 빠져 아이를 낳았습니다. 하지만 이슬람교도였던 친부는 결혼할 수 없어 잡스를 입양 보냅니다. 혁신의 아이콘인 스티브 잡스는 생애 초기에 '버림받은 아이'라는 트라우마가 생긴 것입니다. 스티브 잡스는 불행한 어린 시절을 지나 성인이 되었고, 스물세 살 즈

음에 여자친구를 만나 아이가 태어납니다. 그런데 스티브 잡스는 자신의 어린 시절과 똑같이 아이를 버립니다. 놀라운 사실은 태어난 아이를 버린 스티브 잡스의 나이가 친부가 자신을 버렸던 나이와 똑같았다는 것입니다. 가족이 겪는 불행을 살펴보면 일부러 의도한 것이 아닌데도, 숫자가 정확히 일치하는 경우가 종종 있습니다. 칼 융은 이러한 '의미 있는 우연'을 '동시성(Synchronicity)'이라고 부릅니다.

어린 시절의 나와 직면하는 용기

오랜 시간이 흐른 뒤에 반복되는 불행의 동시성, 현재 가족 안에서 벌어지는 불행의 반복성은 '대물림'이라고 말할 수 있습니다. '다세대 전수'라고 표현할 수 있는 이 대물림이야말로 가족 문제의 반복성이 지닌 대표적인 패턴입니다.

어린 시절에 부모의 힘든 결혼생활과 그 속에서 상처를 경험했던 사람들의 대표적인 반복성이 있습니다. 바로 자신이 불행한 결혼생활을 재현하는 것입니다. 이럴 경우 불행의 극단적인 대처수단인 자해와 자살 시도가 일어나고, 더 나아가 그 고통을 완화시키기 위해서 약물과 알코올 등 다양한 중독에 노출될 가능성이 높습니다.

그렇다면 이 반복성에서 벗어나는 방법은 무엇일까, 질문할 수밖에 없습니다. 그 시작은 모든 문제에는 역사가 있으며, 이 반복성은 패턴으로 이어지고 있다는 사실을 기억하는 것입니다. 이 반복성은 절대로 고의가 아니지만 근본적인 원인을 깨닫고, 통찰하지 못하면 자신도 모르게 끊임없이 되풀이할 수 있다는 것을 우리는 기억해야 합니다. 이 반복성에는 무엇이 문제인지 똑바로 바라볼 수 있는 '직면의 용기'가 필요한 것이죠.

이 반복성을 직면하기 위해서는 어린 시절을 다루어야 합니다. 어린 시절에 내가 얼마나 외로웠는지, 부모는 너무 바빴고 그로 인해 나에게 필요했던 충분한 애정과 친밀감을 받을 수 없었다는 기억과 대면해야 합니다. 엄마는 오직 오빠나 언니밖에 몰랐고, 둘째 혹은 셋째였던 나는 존재감 없이 겨우 가족 안에서 생존해야 했던 것, 아버지는 늘 냉담하고 가족에게 너무 무관심했고, 엄마는 그 속에서 늘 외롭고 힘들게 버텨갔다는 것을 다시 떠올린다는 것은 사실 고통스러울 수 있습니다. 하지만 그 불행했던 경험을 바라볼 수 있는 용기가 있다면 그 불행의 반복성을 드디어 멈출 수 있는 가능성 또한 얻을 수 있습니다.

불행의 반복성을 이어가는 것은 의식적인 차원에서 발생하는 자기 의지가 아닙니다. 어느 누구도 자신이 어린 시절에 불행했으니까 또 불행해야지 결심하지 않습니다. 누구나 자기 나름대로 잘살려고, 행복해지려고 노력합니다. 하지만 자신도 모르게 이전 세대에 경험한 불행의 반복성을 무의식적으로 되풀이하는 것입니다.

가족의 행복은 단순한 의지와 막연한 노력만으로 이루어지지 않습니다. 내 지난날의 모습, 더 나아가 우리 가족의 역사, 어린 시절 받았던 상처를 똑바로 바라볼 수 있는 용기를 가질 때 비로소 출발점에 설 수 있습니다. 그 직면할 수 있는 용기가 생길 때 비로소 그 반복성을 끊을 수 있는, 칼 융이 말했던 우리 가족사의 '정서적 유산'인 카르마를 내려놓을 수 있는 통찰을 얻을 수 있습니다.

✳ ✳ ✳

모든 가족의 문제가 반복성의 문제 속에 포함되지 않을 수도 있습니다. 하지만 가족 문제를 오랫동안 품고 있는 구성원에게 가장 흔하게 볼 수 있는 중요한 패턴인 것은 분명합니다.

프로이트는 《문명 속의 불만》에서 과거의 시간을 통해 세상을 바라보는 사람을 언급합니다. 힘든 과거를 지니고 있는 사람에게 현재와 미래는 과거의 불행을 반복할 수 있는 불행하고 암

울한 곳일 수 있습니다. 그들은 현재에 머물지 못하고 불행했던 과거에 사로잡혀 모든 것을 과도하게 염려하고 불안감에 시달 립니다. 직면할 수 있는 용기는 과거에 지나치게 얽매이지 않고 '카르페 디엠(Carpe Diem)', '현재를 살라.'는 심리학의 지혜를 수용할 수 있는 자세를 의미합니다.

우리는 모두 가족이 있고, 누군가의 아들과 딸일 수 있고, 남편과 아내, 엄마와 아빠일 수 있습니다. 가족에게 끊임없이 상처받고 있다면, 그 반복성을 끊기 위해 직면할 수 있는 용기가 필요하다면 지금 이 시각 가족이 나에게 늘 하는 말을 떠올리고 그들의 말에 귀를 기울여보기 바랍니다. 가족은 서로서로 버릇처럼 하는 말이 있고, 원하는 것이 있습니다. 하지만 상처를 지닌 가족은 대부분 그 말을 귀담아듣지 않고, 자신이 원하는 것을 들여다보지 않습니다. 지금, 내가 가족에게 원했던 것이 예전에도 비슷하게 반복된 것은 아니었는지 오늘이 아닌 어제의 묻어두었던 상처를 들여다보기 바랍니다.

"가족을 부르는 마음의 이름들"
식구 아픈 손가락 혈육 핏줄 원수 고향 그리움

엄마와 딸

경계선과 모성애 중독 사이

가족이라는 주제 안에서 '엄마와 딸'만큼 독특한 관계는 없습니다. 엄마와 딸은 같은 여성으로서 서로서로 깊이 공감할 수 있는 관계입니다. '아빠와 아들' 사이에서는 도저히 찾아볼 수 없는 내밀한 관계를 맺고, 딸은 같은 여성으로서 엄마에 대해 가장 깊은 이해를 합니다. 그리고 엄마처럼 나중에 또 엄마가 됩니다. 같은 엄마로서, 또한 여성으로서 맺는 유대관계는 아빠와 아들, 엄마와 아들 관계를 뛰어넘는다고 설명할 수 있습니다.

얼마 전에 가족과 함께 제주도로 여행한 적이 있는데, 성인이 된 딸과 엄마 단둘이 여행하는 모습을 자주 목격할 수 있었습니다. 공항과 비행기 안은 물론 관광지나 식당에서도 꽤 많은 모녀가 함께하는 모습을 보면서 참 부럽다, 딸은 저런 존재이구나, 그런 생각을 했던 것 같습니다. 엄마와 딸은 자연스러운 여행의 동반자로 비치고, 흔히 친구 같은 사이라는 말이 당연하게 여겨지는 반면에 엄마와 아들, 아빠와 딸, 아빠와 아들이 함께 여행하는 모습은 거의 찾아볼 수 없었습니다. 저는 아내에게 "우리에게 딸이 없는 게 당신은 좀 아쉬울 것 같다."고 이야기했는데, 아내도 그 말에 넌지시 수긍하는 표정이었습니다.

엄마의 불안은 딸에게 전염된다

엄마와 딸 사이에는 '여행 친구' 같은 다정한 모습만 존재하는 것은 아닙니다. 그 이면에는 알 수 없는 긴장이 흐릅니다. 딸은 엄마와 친해지기를 원하면서 동시에 멀어지고 싶은 양가적인 충동을 느낍니다. 거리를 두면 힘들어하고, 너무 가까워지는 것 또한 답답하고 불편함을 느낍니다. 이 양가감정에서 엄마와 딸의 독특한 관계의 모습을 엿볼 수 있습니다.

칼 융은 엄마와 아들, 아빠와 아들, 엄마와 딸 관계 중에서 가장 서로 깊이 영향을 받는 것은 엄마와 딸이라고 지적합니다. 딸은 엄마의 감정을 스펀지처럼 자기 내면에 받아들인다는 것이죠. 그래서 딸의 내면에는 자기 인생의 것이 아닌 엄마의 인생에서 만들어진 수많은 감정의 찌꺼기가 존재한다는 것입니다.

딸이라면 어린 시절에 엄마가 활짝 웃던 웃음이나 간혹 표현했던 외로움과 분노, 때로는 절망 같은 감정의 표정을 기억할 것입니다. 그런데 그 모든 엄마의 감정은 당신의 인생으로 끝나지 않고, 딸이 살아가는 인생의 내면에 그때 흘러나온 감정들이 그대로 녹아 있기 마련입니다.

우리는 백지 상태에서 인생을 시작하지 않습니다. 인생은 백지가 아니어서 내 경험과 기억만 기록되지 않습니다. 특히 딸 같은 경우는 엄마가 살았던 인생의 많은 흔적이 이미 '내' 안에 자리를 차지해 때로는 아픔이 될 수 있습니다. 가령 살면서 불쑥 솟아나는 감정이 이미 엄마의 인생에서 흘러든 감정들과 서로 합쳐지면서 더 큰 상처와 고통을 느끼는 것입니다.

딸이 엄마와 친해지기를 원하면서 거리를 두고 싶어 하는 까닭은 당신이 내면에 지닌 상처와 일상에서 표출되는 부정적인 감정이 너무 싫기 때문입니다. 만일 엄마가 늘 행복하고 정서적으로 여유가 있다면 밀쳐내고 싶은 마음은 생기지 않고, 모녀는 건강한 관계를 유지합니다. 하지만 어린 시절 상처를 간직하고 있거나 특히 부부관계가 나쁜 엄마를 둔 딸의 내면은 양가적일 수밖에 없습니다. 결혼생활이 너무 힘들고, 일상 속에서 외로움과 불안으로 고통받으면서 수많은 부정적인 감정을 끌어안고 있는 엄마를 둔 딸은 안타까워하면서도 엄마에게서 느껴지는 그 감정을 지긋지긋해합니다.

엄마를 껴안으면 풍기는 향긋한 살냄새처럼 상처받은 엄마에게서는 싫은 감정이 묻어납니다. 엄마에게 느껴지는 대표적인 싫은 감정은 불안입니다. 오늘날 현대인에게 가장 무섭고, 위협을 가하는 것은 현실이 아니라 불안인 것처럼 딸은 엄마의 불안을 가장 두려워합니다.

머레이 보웬*은 "모든 문제행동은 내면에서 느끼는 불안으로부터 벗어나려고 하는 몸부림"이라고 말합니다. 딸들이 엄마를 밀어내고 거리 두려고 하는 기저에는 엄마라는 존재 자체만이 아니라 엄마가 늘 느끼고 끌어안고 있는 뒤엉킨 감정들, 이른바 불안과 관계된 것들이 대부분입니다.

제가 상담했던 한 여성은 엄마를 떠올리기만 해도 심장이 쿵쿵거리고 식은땀이 나고 속이 울렁거리고 숨이 막힌다고 호소

---

* Murray Bowen(1913~1990) 가족치료의 선구자이자 '체계적 치료'의 창립자인 미국의 정신의학과 교수이며 미국가족치료협회 초대 회장을 역임했다.

했습니다. 늘 기분이 좋지 않아 뭔가 잘못됐다는 생각을 끊임없이 하지만 부정적인 생각을 멈출 수 없다고 하소연하는 딸은 사실 엄마를 향한 불안에 사로잡힌 것이었습니다.

공교롭게도 늘 걱정이 많고 이유가 분명하지 않은데도 불안해하는 엄마는 가장 사랑하는 자녀를 향해 가장 큰 불안을 느끼기도 합니다. 본인의 의도와는 상관없이 자녀에게 늘 불안을 느껴 자신도 모르게 그 감정을 해결하기 위해 강하게 통제하는 모습을 보이기도 합니다. 엄마가 자녀의 일거수일투족을 간섭하는 이유는 자녀 자체가 가진 문제보다는 자신의 불안감을 통제하려는 의도가 더 큽니다. 자녀는 자랄수록 엄마의 이러한 모습에 동의하기 어려울 것입니다. 이런 관계가 지속됐을 경우 특히 엄마와 딸은 해소하기 힘든 애증의 관계로 고착될 수밖에 없습니다.

감정의 경계가 없는 불안의 한 덩어리

우리는 대부분 불안에 빠지는 것을 가장 싫어합니다.

아들이 초등학교 저학년이었을 때 친구들과 자주 어울려 노는 공원이 있었습니다. 그 공원에는 우리가 살던 동네 아이들이 많이 와서 놀이를 합니다. 그런데 그 공원을 건너려면 큰 도로를 건너야 합니다. 한적한 곳이라서 특히 주말에는 자동차들이 파란불에도 그냥 달리는 경우도 있었습니다.

저는 아들이 주말에 공원에 가서 친구들과 놀겠다고 하면 걱정부터 앞섰습니다. 그래서 주말 아침이면 쉬고 싶은 마음이 굴뚝같았지만 아들을 데리고 직접 그 도로를 건너 공원까지 데려다주고는 했습니다. 언뜻 생각하면 자상한 아빠 모습 같지만, 사실 아들이 혼자 도로를 건너게 내버려두면 혹시 이 녀석이 잘 건넜나, 별일 없었나, 걱정하고 불안해할 바에 차라리 귀찮지만 직접 아이를 데리고 길을 건너는 것이 심리적으로 편했다고 볼 수 있습니다. 아이를 소중하게 여기는 마음 이면에는 제 불안을 씻고자 하는 이기심 또한 존재했던 것입니다.

엄마에게 딸은 가장 소중한 대상입니다. 그러다 보니 많은 불안의 내용이 딸과 연결되어 나타날 수 있습니다. 엄마는 자신의 불안을 통제하기 위해서 딸과 끊임없이 긴장과 마찰을 일으킵니다. 엄마의 불안이 높을수록 사소한 자유도 허락하지 않는 모습에 딸은 불편하고 힘들어합니다. 딸은 "우리 엄마는 왜 이럴까. 다른 엄마들은 그렇지 않은데." 비교하며 혼자 행동하기를 갈구하고, 엄마가 금지할 때마다 갈등이 발생합니다.

불안이 높은 엄마는 자녀를 통제하지 못하고 자신에게 불안을 일으키면 엄청난 분노를 일으킵니다. 자기 의견을 따르지 않는 자녀에게 심하게 화를 내면서 자신의 불안을 투영합니다. 자녀는 엄마의 지나친 통제로 인해 고통받을 뿐만 아니라 분노를 표출하는 대상이 됩니다. 엄마의 불안이 만들어내는 통제와 분노의 연쇄 도식은 자녀의 처지에서 너무나 큰 스트레스로 자리잡습니다.

불안이 높은 엄마와 딸이 잘 지낼 수 있는 방법은 없는 것일까요? 한 가지 방법은 딸이 엄마처럼 불안이 높아지면 모녀는 잘 지낼 수 있습니다. 그렇게 되면 불안이 만들어내는 과잉된 행동들을 동의할 수 있기 때문입니다.

하지만 문제는 간단하지 않습니다. 딸이 엄마처럼 불안이 높아지면 이제 만성적인 불안감에 시달리는 엄마와 비슷한 불안을 가지게 돼 친밀해지는 만큼 불안에서 헤어나지 못하고 시달리게 됩니다. 가족상담사로서 이 모든 과정을 지켜보면 결국 엄마의 감정이 딸의 감정으로 전이되는 것을 알 수 있습니다. 그리고 엄마의 소화되지 못한 수많은 부정적인 감정과 불안이 이제 딸의 몫이 되는 것을 관찰할 수 있습니다.

제가 상담했던 한 모녀가 있습니다. 엄마는 어린 시절에 동생을 사고로 잃어버린 아픔을 간직하고 있었습니다. 엄마는 딸을 키우면서 제 안에서 과거의 상처가 무의식적으로 올라오는 것을 느꼈습니다. 엄마는 딸에게도 동생처럼 안 좋은 일이 생길까 봐 늘 불안하고, 염려하는 마음이 끊이지 않았습니다. 엄마는 자기도 모르게 딸을 엄격하게 단속하기 시작했습니다. 길을 건널 때는 조심하고, 항상 주변을 살피고, 혼자 다니지 말고…….

10대인 딸 입장에서는 끊임없이 간섭하는 엄마가 너무 버거웠습니다. 게다가 다른 엄마와 비교할 때 자신을 여전히 코흘리개 취급하는 잔소리가 대부분이었습니다. 딸은 엄마와 끊임없이 갈등을 일으켰고, 엄마 입장에서는 딸이 자기 말을 너무 듣지 않아 불안감은 점점 높아졌습니다. 엄마는 급기야 딸 앞에서 자살 시도까지 하면서 "엄마 말 정말 안 들을 거야?" 협박하는 지경까지 이르렀습니다. 딸 입장에서는 그야말로 절망스러운 상황의 연속이었습니다. 엄마가 충고하는 말을 다 들으려면 밑도 끝도 없는 엄마의 불안을 자신이 전부 받아들여야 하기 때문입니다. 결국 엄마의 불안을 고스란히 떠안은 딸은 엄마와 잘 지내게 되겠지만, 정작 자신의 일상생활은 어려워질 수밖에 없습니다.

보웬은 '문제 있는 역기능적인 가족관계' 안에서 나타나는 엄마와 딸의 특징을 '미분화된 감정의 덩어리'라고 말합니다. 엄마와 딸 사이에 감정의 경계가 없는 상태라는 것입니다. 엄마가 느끼는 불안감이나 삶의 부정적인 감정이 딸에게 즉각적으로 넘겨지는 상태를 말하는 것이죠.

딸은 자기 인생에서 밀려오는 감정도 모자라 엄마 인생에서 흘러오는 불안까지 합쳐져 제 삶이 너무 버겁게 느껴질 수밖에 없습니다. 당연히 딸은 엄마로부터 벗어나고 싶어 합니다. 실제로 평범해 보이는 수많은 모녀 관계가 미분화된 감정의 덩어리를 끌어안고 사는 경우가 많습니다.

제 외할머니는 한국전쟁 때 남편을 잃고 혼자 몸으로 많은 자녀를 키운 분입니다. 외갓집에서는 홀로 자식들을 잘 키우고 힘든 시간을 버틴 존경받는 어머니이기도 합니다. 그런데 큰딸인 제 어머니에게는 결코 좋은 어머니만은 아니었던 것 같습니다. 외할머니는 혼자 몸으로 자식을 키워야 했던 고단함, 두려움, 불안, 그리고 절망감을 큰딸인 제 어머니에게 즉각적으로 쏟아부었던 것 같습니다. 제 어머니 처지에서는 외할머니의 그런 감정을 어떤 경계 없이 고스란히 제 몸으로 스펀지처럼 빨아들여야 했는데, 그것은 무척 버거운 일이었을 것입니다. 지금도 제 어머니는 외할머니에 관해 이야기하는 순간 식은땀 흘리는 모습을 볼 수 있습니다. 그만큼 모녀 관계가 힘들었다는 반증이라고 할 수 있겠죠.

모든 엄마와 딸이 이렇게 미분화된 감정의 덩어리로 뒤엉켜 있는 것은 아닙니다. 하지만 애증의 관계로 사소한 갈등을 빚는 엄마와 딸의 모습은 주변에서 흔히 발견할 수 있습니다. 그러면 왜 많은 엄마가 이렇게 불안이 높을까요? 그리고 그 높은 불안감으로 인해 자녀를 통제하려고 하고, 딸에게 자신이 느끼는 불안감을 그대로 물려줄까요?

버지니아 사티어*는 그 이유를 '자존감의 문제'라고 진단합니다. 자존감이 낮은 엄마는 불안에 그만큼 취약하다고. 사티어는 자기 자신을 존중하지 못하는 엄마의 특징이 있다고 말합니다. 그것은 부정적 사고인데, 세상을 긍정적으로 바라볼 수 있는 힘이 없다는 것입니다. 부정적으로 세상을 바라보고 매사에 모든 것을 그만큼 더 어둡게 판단한다는 것이죠. 사티어는 이렇게 자존감이 낮은 엄마들이 자신도 모르게 부정적인 사고를 거듭하고, 높은 불안감으로 인해 끝없는 애증 관계로 딸과 얽히는 경우가 많다고 이야기합니다.

엄마와 딸은 같은 여자이고 딸이며 엄마가 되는 운명이 서로서로 내면에 깊이 연결되어 있습니다. 둘 사이의 유대관계는 가족 안에서 그 누구보다 강하게 연결되어 애증 관계로 이어질 수 있습니다. 즉, 가까워지고 싶어 하면서 동시에 멀어지고 싶은 관계가 됩니다. 이러한 애증 관계 속에서 갈등과 문제를 더욱

---

* Virginia Satir(1916~1988) '가족치료의 어머니'로 불리는 미국의 심리학자. 가족상담운동의 선구자이며 대표적인 가족치료 교육자이다.

증폭시키는 것은 엄마 쪽에서 갖고 있는 부정적인 감정인 불안입니다.

불안은 통제와 분노를 일으키는 고통스러운 연쇄반응의 주요 원인입니다. 딸과 건강하고 균형 잡힌 관계를 맺기 위해서는 엄마 자신의 내면을 들여다보아야 합니다. 이를 통해서 엄마의 건강한 자존감을 회복하면 단지 본인뿐만 아니라 딸과의 관계에도 놀라운 영향을 끼칠 수 있습니다. 힘든 애증 관계로 복잡하게 뒤엉켜 있는 엄마와 딸 관계에서 딸의 행동에서만 갈등의 원인을 찾는 것은 불완전한 절반의 탐색에 그칩니다.

모성애 중독, 가장 비극적인 엄마와 딸의 관계

엄마와 딸 사이에 존재하는 애증 관계에서 벌어지는 불안은 공교롭게 '모성애 중독'으로 이어지는 경우가 많습니다. '모성애'라는 이름을 달고 있지만 모성애 중독은 엄마와 딸의 관계에서 발생할 수 있는 가장 비극적인, 최악의 관계입니다.

이 모성애 중독은 한스 요아힘 마츠*가 주장한 말입니다. 엄마

---

* Hans-Joachim Maaz(1943~) 독일에서 40년 넘게 정신과 의사와 심리분석가로 활동하며 독일 통일 후 동독 사람들이 겪는 심리 상태를 예리하게 분석해 주목받았다.

의 과도한 사랑이 자녀에게는 결국 독이 된다는 뜻이죠. 여기에서 자녀는 일종의 '중독 대상'이라고 볼 수 있습니다.

마츠는 엄마가 자녀에게 사랑을 주지만 그 사랑이 마치 중독된 것처럼 절제가 없고 균형을 잃어버렸을 경우 모성애 중독이라고 말합니다. 엄마는 무절제한 사랑을 주었음에도 딸에게 모든 것이 사랑으로 한 행동이라고 확신할 수 있습니다. 하지만 딸에게는 그 엄마의 사랑이 고통이 됩니다. 엄마가 주었던 사랑은 엄마 중심에서 일방적으로 전해진 것이지 정작 아이가 바라던 것, 그 아이의 눈높이는 언제나 무시된 것일 공산이 큽니다. 엄마는 애써 딸에게 많은 것을 주려고 했지만, 정작 딸이 원하는 욕구와 다르기 때문에 이 지점에서 엄마와 딸은 긴장과 갈등이 발생할 수밖에 없습니다. 딸 입장에서는 마음이 더욱 힘들기 마련입니다. 왜냐하면 엄마가 자신을 위해서 많은 것을 해줬고, 최선을 다했다는 사실을 알기 때문입니다. 그래서 딸은 그런 엄마를 온전히 좋아할 수 없습니다.

엄마에 대해서 늘 고마움을 느끼지만, 마음 깊은 곳에서는 고통을 느끼는 것. 이것이 바로 모성애 중독이 시작되는 특성이고, 엄마와 딸은 서로를 이해하지 못한 채 살아가면서 불행한 관계를 끊어내지 못합니다.

제가 상담했던 한 30대 여성을 여전히 잊지 못합니다. 이 여성은 당시에 심각한 강박과 알코올 중독으로 고통받고 있었습니다. 이 여성은 상담실에 찾아오자마자 이런 말을 했습니다.

"내가 누구인지 모르겠어요. 나라는 사람이 정말 누구인지 모르겠어요."

그녀는 한 남편의 아내였고, 한 아이의 엄마이기도 했습니다. 하지만 상담실 의자에 앉은 그녀는 내가 누구인지 모르겠다고 연신 호소하는 어린 딸이었습니다.

저는 이 여성과 오랜 시간 이야기를 주고받으면서 그녀의 엄마가 딸을 전형적인 모성애 중독으로 키웠다는 사실을 알게 됐습니다. 엄마는 딸에게 늘 이런 식으로 말했다고 합니다.

"넌 생각하지 마. 생각은 엄마가 하는 거야. 너는 몸처럼 엄마의 말을 들어주면 돼."

딸은 어린 시절부터 엄마가 하라는 모든 것을 따라했습니다. 자기의지, 자기주장은 전혀 내비칠 수 없었습니다. 엄마는 딸에게 어떤 선택권도 허락하지 않았습니다. 헤어스타일부터 그날 입을 옷, 해야 할 모든 일정을 엄마가 계획표를 짜고 지시했습니다. 심지어 대학교에 입학하고 성인이 됐을 때도, 엄마는 이 여성에게 남성과 교제하는 문제까지 가상의 시나리오를 만들어 주입했습니다. 당연히 남성을 만날 때 입고 갈 옷도 엄마가 코치했습니다.

이 여성이 할 수 있는 유일한 행동은 그냥 엄마가 하라는 대로 내버려두는 것이었습니다. 엄마는 머리이고 딸은 그냥 몸이었던 것이죠. 그리고 드디어 이 여성이 결혼하고 엄마와 자연스럽게 분리되었을 때 딸은 그야말로 커다란 벽 앞에 선 듯한 감정과 맞닥뜨리고 만 것입니다. 딸은 살면서 한 번도 스스로 선택하고 결정한 적이 없는데, 이제 엄마와 아내로서 수많은 선택과 결정이 오롯이 자기 혼자만의 몫으로 눈앞에 놓인 것입니다.

살면서 한 번도 스스로 선택할 수 있는 권한이 없었던 이 여성은 결국 자기 자신의 의지와 정체성마저 희미해지고 만 것입니다. 이 여성에게 가장 중요한 것은 엄마와의 관계였고, 끊임없이 엄마 눈치를 보면서 살았습니다. 엄마가 원하는 것을 파악하는 것이 중요해 정작 내가 무엇을 원하는지 생각하지 않아 자연스럽게 형성해야 할 자기 자신에 대한 신뢰감을 잃어버린 것입니다. 바로 '자존감'입니다.

자존감은 수많은 선택과 스스로의 결정에 의해서 만들어집니다. 그로 인해 쌓인 성공의 경험들이 혼자 살아갈 수 있는 힘의 원동력이 되는데, 이 여성에게는 그런 선택권이 없었습니다. 이 여성은 엄마 눈치만 봤던 게 아닙니다. 학교에서는 끊임없이 교사와 같은 권위자는 물론 친구들의 시선까지 의식했던 것입니다. 이 여성의 엄마는 진심으로 딸을 보호하고 잘 키우려고 노력했을 것입니다. 하지만 그 딸이 엄마 없이는 아무것도 할 수 없는 존재가 되어버렸다는 사실은 전혀 예상하지 못했을 것입니다.

모성애 중독은 왜 발생하는가

오늘날 자녀들을 학대하는 엄마도 종종 존재하지만 사실 더 근본적인 문제는 자녀에게, 특히 딸에게 무한한 사랑을 베푼다고 착각하는 모성애 중독이 아닐까 생각합니다.

현재 가족 구성원은 숫자가 많지 않습니다. 자녀도 많아야 두셋 정도이죠. 특히 딸은 정말 소중한 존재로 여겨지고 아들보다 더한 보호 대상으로 여겨집니다. 무엇보다 엄마 입장에서는 당신도 누군가의 딸이었기 때문에 자신의 딸에게 더 애정이 가고 행복과 성공이 간절해지기 마련입니다. 하지만 엄마의 딸에 대한 자연스러운 애정이 모성애 중독으로 이어졌을 때 딸의 인생에 너무나 큰 상처를 남길 수 있다는 사실을 알아야 합니다. 너무 넘치는 사랑도 딸의 인생에는 결코 도움이 되지 못하는 경우가 허다합니다.

모성애 중독은 딸에게 아주 깊은 손상을 남기는데, 딸이 자기 정체성을 형성하는 데 어려움을 겪는다는 사실입니다. 자기 정체성은 내 안에 있는 욕구와 감정, 이를 통해 표현되는 자기주장을 형성합니다. 내가 누구인지 알아야 타인에게 표현하고, 요구하면서 자기주장을 할 수 있습니다. 그런데 엄마의 요구만 따르면서 내가 누구인지, 내가 뭘 원하는지 모르고 성장한 딸은 매사에 눈치 보고 참고, 그 통제를 무조건적으로 받아들입니다. 당연히 그 내면에는 엄청난 분노와 원망이 쌓이고, 결국 의존적인 사람으로 변해버립니다.

우리 삶은 그 어느 때보다 자기주장의 기술이 필요합니다. 내 생각과 감정과 요구를 적절하게 표현할 수 있어야 사회적으로 건강하고 당당하게 살아갈 수 있습니다. 그런데 모성애 중독의 피해자였던 딸들은 자기주장의 놀라운 기술을 배울 수 없습니다. 그래서 결국은 사회생활에 적응하지 못하고 밀려오는 엄청난 스트레스를 다양한 중독을 통해 해결하려는 모습을 종종 관찰할 수 있습니다.

안타깝게도 자기주장 능력이 부족한 사람들은 사회생활 속에서 만만한 상대로 평가되고, 그야말로 훌륭한 먹잇감으로 비칠수 있습니다. 상대방이 자기 마음대로 좌지우지하려는 상태 속에서, 어린 시절부터 해왔던 잘 참고, 눈치 보는 것만으로 상황을 해결하지 못하기 일쑤입니다. 그래서 뒤늦게 고통스럽게 자기주장을 배우거나, 아예 배우지 못하고 살아갈 수 있습니다.

요아힘 마츠는 모성애 중독을 유발하는 엄마의 특징이 있다고 말합니다. 엄마가 원하는 행동을 할 때만 딸에게 애정을 준다는 사실을 경험하게 만든다는 것이죠. 엄마에게 사랑받고, 늘 소중한 딸이 되려면 엄마가 원하는 일정한 행동을 해야만 한다고 조건을 붙인다는 것입니다. 엄마의 요구에 응한 딸은 따뜻한 사랑과 보살핌을 받는 것처럼 보입니다. 하지만 요아힘 마츠는 이 어린 딸에게 자기 자신을 소외시키는 심각한 문제가 발생할 수 있다고 경고합니다.

자기 자신을 소외시키면 어떤 문제가 발생할까요?

자신의 내면에 존재하는 욕구와 주장을 인식하지 못하고, 결국 자신의 억눌린 감정을 딸에게 강요하는 왜곡된 사랑을 남용할 가능성이 커집니다.

모성애 중독을 가진 엄마에게 길들여진 딸은 엄마의 소망과 기대에 부응하는 것이 너무 당연하다고 생각합니다. 딸은 언제나 헌신적이고 자신을 위해 최선을 다하는 엄마가 사실 자신의 발달과 성장을 가장 가로막고 있다는 사실을 알 수 없습니다. 그리고 성인이 되어도 자기주장의 기술을 배우지 못했기 때문에 사회적 기술이 발달하지 못합니다.

좋은 엄마는 좋은 남편을 가진 사람

그렇다면 모성애 중독은 왜 발생하는 것일까요?

모성애 중독을 유발하는 엄마는 오직 자기만 바라보고, 자기에게만 의존할 수밖에 없는 아이에 대해 엄청난 권력을 남용합니다. 루이 쉬첸회퍼*는 "아이에 대해 무한한 권력을 마음껏 누리고 싶은 욕구는 동정심, 책임감, 자기절제 같은 성품을 통해 균형을 이루고 절제할 수 있다."고 말합니다. 그렇다면 모성애 중독을 유발하는 엄마는 놀랍게도 모성애가 충분하지 않은 엄마일 수 있습니다. 아이에게 넘치도록 사랑을 주고, 최선을 다하는 겉모습 이면에는 자기중심적이고 아이보다 자기의 욕구가 언제나 중요한 엄마라는 진실이 숨어 있을지도 모릅니다.

모성애 중독을 유발하는 이유는 여러 가지일 수 있습니다. 우선 딸을 독립된 인격체가 아니라 지난날 자신의 모습을 투영하는 존재로 여겨 내가 받았어야 할 사랑, 내가 소유했어야 할 가족 역할을 딸에게 투사하는 경우입니다. 중요한 또 한 가지 이유는 엄마에게 딸이 때로는 배우자의 대체물일 수 있다는 사실입니다.

---

* Louis Schutzenhofer(1940~) 오스트리아에서 태어난 독일의 심리학자로 희생양이 된 자녀의 특징에 주목했다.

54

엄마의 이러한 내면을 짐작할 수 없는 딸은 혼란스러울 수밖에 없습니다. 딸은 말로 표현할 수 없지만 엄마의 사랑 이면에 도사린 복잡한 감정의 그늘 너머 '엄마의 역사'를 느낄 수밖에 없습니다.

사실 모성애 중독으로 대표되는 엄마의 왜곡된 사랑은 온전히 엄마 탓이라고 단정할 수 없습니다. 프로이트의 딸이자 아동 심리학의 권위자인 안나 프로이트(Anna Freud)는 "좋은 엄마는 좋은 남편을 가진 사람"이라고 말합니다. 자녀에게 정서적으로 균형 잡힌 양육을 할 수 있는 엄마는 무엇보다 마음이 건강해야 하지만 그에 앞서 엄마에게 필요한 애정과 사랑을 건네는 부부 관계와 가족이 필요하다는 것입니다.

따라서 모성애 중독이 발생하는 모녀 관계를 살펴보면 결혼 생활에서 어려움을 겪는 경우가 많다는 사실을 발견할 수 있습니다. 이를테면 남편과 소통이 어렵고 자녀를 위해 이혼하지 않는다고 입버릇처럼 말하는 엄마는 부부관계에서 밀려오는 외로움과 친밀감의 결핍을 딸과의 지나친 애착관계를 통해 해결하는 경우가 있습니다.

엄마가 딸의 행복과 욕망을 충족시키기 위해 최선을 다하고 자신을 희생할수록 둘 사이에는 본질적인 문제가 남습니다. 그것은 딸이 배우자의 대체물이거나 충분히 돌봄과 사랑을 받지 못한 어린 시절의 자기 분신에 머물면서 엄마의 운명을 답습한다는 사실입니다. 엄마는 딸에게 아낌없이 사랑을 주지만 그것이 지난날 충분히 사랑받지 못한 자기를 돌보는 행위라는 사실을 직시해야 합니다.

엄마와 딸, 관계의 경계선을 찾아라

모성애 중독을 유발하는 모녀 관계에서 딸이 언제나 엄마의 돌봄이 필요한 어린아이로 남아 있다면 별문제가 발생하지 않을 수 있습니다. 하지만 딸이 사춘기가 되고, 성인으로 자라 한 가정을 이루는 배우자가 되고, 자신이 엄마가 되는 과정 속에서 모성애 중독은 말 그대로 딸에게 독으로 작용합니다.

엄마에게 의존하는 것이 너무나 익숙한 동시에 성인의 삶을 제대로 성취해야 하는 딸은 뒤늦게 엄마로부터 벗어나야 하는 힘겨운 과제를 안게 됩니다. 더욱이 엄마는 성인이 된 딸이 자신으로부터 벗어나는 시도를 긍정적으로 보지 못하고 위협으로 느낄 수 있습니다. 때로 자신에게 의존하지 않으려고 애쓰는 딸을 방해하거나 협박하기도 합니다. 엄마의 반대를 경험한 딸은 죄책감에 사로잡혀 불안감을 느끼고 좌절하거나 무기력해지기 일쑤입니다.

여기에서 딸이 대체로 선택하는 방식은 두 가지입니다. 유년기처럼 여전히 엄마에게 의존적인 관계가 되거나 엄마와 단절하는 것입니다. 두 가능성 모두 후유증은 만만치 않습니다. 하나는 성인이기를 포기하는 것이고, 나머지는 엄마와의 단절을 통해 죄책감과 수치심이 밀려오고 만성적인 불안감에 사로잡힐 수 있기 때문입니다.

그렇다면 지나치게 통제하고, 모든 것을 관여하고 간섭하는 엄마와 딸의 관계를 해결할 수 있는 방법은 없는 것일까요?

모성애를 유발하는 엄마와 딸은 관계의 경계선을 통해 적절한 타협점을 찾을 수 있습니다. 먼저 엄마가 간직한 모성애 중독의 성향을 인지해야 합니다. 엄마 스스로 자신도 모르게 딸에게 모성애를 남용하고 있는 것은 아닌지 무의식적인 동기를 파악하는 것이 선행되어야 합니다.

두 번째, 모성애 중독을 인지했다면 엄마와 딸 사이에 일정한 경계를 설정해야 합니다. 엄마는 여전히 딸을 자기 쪽으로 끌어당기려고 하겠지만 일종의 샅바 싸움처럼 두 사람 사이에 놓인 경계를 분명히 해야 합니다. 엄마의 욕구와 생각과 자신의 요구와 의견 사이에 넓지 않더라도 분명한 경계가 존재한다는 것을 인식시키는 노력이 필요한 것입니다.

제가 상담했던 명문대 여학생이 있습니다. 누가 보더라도 많은 것을 성취한 여학생이었지만, 엄마를 향한 애증 관계로 대단히 힘들어했습니다. 딸은 엄마가 어릴 때부터 대학생인 지금까지 자신을 마치 연예기획사 사장처럼 관리하고 있다고 하소연했습니다. 지금도 24시간 밀착하듯 인생을 관리하는 엄마에게 딸은 복잡한 감정을 느끼고 있었습니다.

딸은 엄마의 엄청난 헌신과 관심 속에서 성장했고, 덕분에 많은 것을 얻었다는 사실을 알기 때문에 엄마를 향해 늘 고마움을 느끼고 있습니다. 하지만 엄마의 경계 없고 정서적으로 뒤엉킨 감정으로 인해 너무 고통스러운 순간이 수시로 찾아옵니다. 딸은 얼마 전에 동성 친구와 함께 제주도 여행을 떠났는데, 자신이 투숙한 호텔 바로 옆방에 엄마가 투숙했다는 사실에 소스라쳤습니다.

딸은 자라는 동안 헌신한 것도 모자라 지금도 자신을 걱정하면서 감시하는 엄마를 향한 양가감정에 일상생활마저 힘겨울 지경입니다. 아무리 딸에게 헌신적이고, 최선을 다한 엄마라도 관계의 균형을 잃어버리면 오히려 딸에게 크나큰 고통을 안겨 주는 것뿐만 아니라 삶을 위협할 수 있다는 사실을 명심해야 합니다.

❊ ❊ ❊

엄마와 딸이 결국 건강한 관계를 맺는 회복의 시작은 불완전하게 얽혀 있는 감정의 경계선을 세우는 데서 출발해야 합니다. 엄마와 딸은 서로 다른 인물입니다. 두 사람에게는 각각의 인격과 인생이 있습니다. 그리고 저마다 느끼는 감정도 똑같지 않습니다. 따라서 엄마와 딸 사이에 정서적인 경계를 설정하도록 허용하는 것이 필요하며, 이것은 엄마 쪽에서 출발해야 합니다. 딸이 나와 다른 의견과 정서를 가지는 현실을 이해하고, 품어주고, 용서하는 것, 여기에서 모성애 중독으로 인한 피해를 회복할 수 있는 길이 열릴 수 있습니다.

엄마와 딸 사이에는 감정적인 불안이 존재하고, 이는 자칫 왜곡된 모성애 중독으로 이어질 수 있습니다. 엄마와 딸에 관해 지나치게 부정적인 모습만 설명한 것 같지만, 사실 가족 안에서 가장 부럽고 인상적인 관계가 엄마와 딸의 모습입니다. 하지만 진정한 모녀의 모습은 서로의 감정을 숨기고, 참아내는 것이 아니라 진정으로 우러나는 친밀감이어야 합니다. 보여주기 위해서, 이래야 할 것 같아서 연출하는 엄마와 딸의 친밀한 관계는 어쩌면 더 깊은 상처의 수렁 속으로 걸어가는 '미소 짓는 아픔'이라는 사실을 우리는 잊지 말아야 합니다.

"엄마도 엄마가 있었고,
딸은 자라 엄마가 된다.
인생은 백지가 아니어서
내 경험과 기억만 기록되지 않는다."

가족의 삼각관계

**희생양과 외톨이,
불행한 관계를 감염시키는 둘 더하기**

Class
3

제가 상담한 한 가족이 있습니다. 공부를 무척 잘했던 고등학교 3학년 딸은 특히 아빠의 자랑이었습니다. 사업에 성공하고 수많은 성취감을 지닌 아빠는 주변 사람들에게 딸 자랑을 입버릇처럼 할 정도였습니다. 하지만 어느 날부터 딸은 우울하고 무기력해지더니 급기야 공부를 아예 손에서 놓아버렸습니다.

저는 이 가족을 상담하면서 딸이 공부를 등하시한 무의식적인 이유가 있다는 사실을 관찰했습니다. 부모는 최근에 부부 갈등이 극단으로 치닫고 있었고, 엄마는 결혼생활을 어떻게든 유지하려고 애쓰는 반면에 아빠는 이혼을 요구하고 있었던 것입니다. 딸은 끝까지 가족을 지키려고 하는 엄마를 어떻게든 지켜주고 싶은 '무의식적인 동기' 때문에 아빠의 자랑인 공부를 등한시하게 된 것이었습니다.

저는 안타까운 마음과 더불어 이 가족을 통해 가족심리학의 아주 중요한 개념을 관찰할 수 있었습니다. 바로 '가족의 삼각관계'입니다.

엄마에게 딸은 정말 소중한 존재입니다. 예전에는 남아선호로 딸이 차별받던 시대가 있었지만 최근에는 많이 달라졌습니다. 많은 부모가 딸을 선호하고, 실제로 아들보다 정성들여 키웁니다. 교육 현장에서는 여학생의 학업 능력이 남학생보다 뛰어나다고 판단되고, 자기주장도 더 또렷한 경우가 많습니다. 그래서 많은 엄마가 딸에게 더 많은 애착을 보이고, 자신을 동일시해서 딸의 성공이 내 성공이라고 여기는 경우도 많습니다.

그러나 이 가족처럼 가족관계 안에서 엄마가 심한 스트레스에 노출됐을 때 이것은 엄마의 고통으로 끝나지 않는 경우가 많습니다. 엄마는 이 문제를 해결하기 위해 자신도 모르게 삼각관계를 형성하는 것입니다.

부모 두 사람의 갈등이 가족에게 전염시키는 삼각관계

삼각관계는 말 그대로 관계의 유형을 뜻합니다. 둘이었던 관계가 셋으로 늘어나는, 두 사람의 관계가 위태로울 때 형성되는 것이 삼각관계라고 말할 수 있습니다.

예를 들어 A, B, C라는 세 사람이 있습니다. 세 사람이 모두 친하게 지냈는데, A와 B가 서로 오해를 하고 싸우게 되었습니다. 가장 좋은 방법은 A와 B가 서로 오해를 풀고 화해한 뒤 다시 잘 지내는 것이라고 할 수 있겠죠.

하지만 많은 경우 A와 B가 싸웠을 때 화해보다 쉬운 해결 방법을 선택합니다. 그것은 상대방을 제압하는 것입니다. 제일 손쉬운 방법은 C를 끌어들이는 것이죠. B가 C를 끌어들여 팔짱을 끼고 A를 무시하고 지나가는 것이야말로 완벽한 승리처럼 여기는 경우가 많습니다.

그동안 세 사람은 친하게 잘 지냈지만 어느 날 둘이 싸우면서 B는 C 하고만 친합니다. 그러면 졸지에 A는 외톨이로 남겨집니다. 이럴 경우 A 입장에서는 B만 싫은 게 아니라 B와 팔짱을 끼고 다니는 C도 미워지는 것입니다. 두 사람 사이에 발생한 관계 문제는 그만 세 사람 갈등으로 확장해버립니다.

이러한 삼각관계는 대인관계 안에서 빈번하게 발생합니다.

그런데 놀랍게도 가족 안에도 이러한 형태의 삼각관계가 숱하게 존재합니다. 보웬은 삼각관계의 출발점을 부부관계와 연결 짓습니다. 엄마와 아빠 관계는 늘 불안정하기 마련이라는 것입니다. 부모가 잘 지내다가도 어떤 스트레스에 노출되면서 부부뿐만 아니라 자녀도 덩달아 긴장과 갈등에 휘말린다는 것입니다. 엄마와 아빠, 자녀 사이에 형성되는 이 삼각관계는 일종의 부부관계를 해결하려고 하는 무의식적인 방법의 하나라고 할 수 있습니다.

부부 사이에 갈등이 일어나면 대개 부부 문제로 끝나지 않습니다. 특히 엄마를 공감할 수 있는 딸은 엄마를 편들 수밖에 없습니다. 남성들은 관계보다는 일과 목표 중심의 성향이 강하지만 여성은 사람과 사람 사이의 관계를 더욱 중요하게 여깁니다. 이러한 원리를 공유하고 있는 엄마와 딸은 서로 삼각관계를 형성하는 아주 중요한 축이 되기도 합니다.

부부가 서로 갈등을 빚을 경우 엄마는 자신도 모르게 딸을 자기편으로 끌어당기는 경우가 많은데, 아들도 마찬가지입니다. 그렇게 되면 남편은 자연스레 가족 안에서 따돌려집니다. 실제로 우리나라 가족 체계의 70퍼센트가 '부친 고립형' 가족 형태를 형성한다고 합니다.

가족 삼각관계의 세 가지 형태

제 아들이 초등학생이었을 때 TV 리모컨을 두고 아내와 옥신 각신한 적이 있습니다. 그때 갑자기 아들이 뛰어오더니 제 손에 쥐여진 리모컨을 낚아채 "엄마 여기 있어." 하면서 엄마에게 가져다주는 것이었습니다. 그 순간 아내는 저를 향해 흡족한 미소를 지었습니다. 사소한 이야기이지만 만약 저와 아내의 관계가 심각한 상황이었다면 아들의 행동은 보다 극단적인 형태로 나타났을 수 있습니다.

부부관계가 어려운 상황에 놓일 경우 엄마는 자녀를 자기편으로 끌어들이면서 심리적으로 편안한 상태가 됩니다. '부부' 혹은 '부모'라는 한 덩어리에 균열이 생겼지만 '자녀'라는 존재가 그 틈새를 채워 의지가 되는 것이죠. 하지만 아버지 처지에서는 자녀의 태도가 괘씸할 수밖에 없습니다. 이제 아버지는 딸과도 갈등을 일으킵니다. 남편 입장에서 아내와 싸우는 것은 버겁습니다. 아내가 딸보다 강하기 때문입니다. 그래서 남편은 아내와 같은 편인 딸과 갈등을 빚는 편이 차라리 쉽습니다. 딸과 갈등을 일으키면 아내와 좀 덜 싸워 부부 사이의 긴장감은 완화될 수 있기 때문입니다.

삼각관계가 발생했을 경우 부부에게는 이렇듯 나름대로 이로움이 있습니다. 그런데 딸에게는 이로운 점이 하나도 없습니다. 본인도 모르게 부모의 부부 갈등에 휘말려 아빠와 긴장 관계에 놓이고, 엄마의 수많은 부정적인 감정을 고스란히 옆에서 느껴야 할 처지에 놓이는 것입니다. 보웬은 가족이 얼마나 건강하고 기능적인 관계인지 살펴볼 수 있는 지표가 바로 '삼각관계'라고 말합니다. 가족 안에서 서로 편 가르고, 한 사람은 따돌리고, 누군가는 투명인간 취급하고, 두 사람만 지나치게 친밀한 관계를 맺는 경우 삼각관계가 형성되어 있다는 사실을 명심해야 합니다.

사실 가족 안에서 삼각관계를 형성하는 것은 어렵지 않습니다. 엄마가 딸에게 "영희야, 네 아빠 때문에 너무 힘들다. 너 없었으면 아빠하고 이혼했어. 너 때문에 산다." 사소한 푸념 한마디에도 자녀는 엄마 편을 들 수밖에 없습니다. 관계가 나쁜 당사자는 엄마와 아빠이고, 정확히 모든 책임과 해결이 부모 몫이지만 자녀는 생채기가 난 현실을 냉정하게 파악할 수 없습니다. 마음이 고된 엄마를 편들고 아빠를 밀쳐내면서 엄마만 보호하려고 합니다. 아빠는 감정이 있는 사람이기에 아내는 물론 딸마저 자신을 밀어낸다는 사실에 힘들어하거나 화를 냅니다. 아내 한 사람하고만 갈등을 일으키던 아빠는 결국 "나도 너희 둘 다 싫어." 하는 심정으로 돌변할 수 있습니다.

자녀는 엄마의 사랑도 소중하지만 아빠의 관심도 필요합니다. 부모 모두에게 안전한 지지와 충분한 관심을 받아야 하지만 삼각관계가 발생한 가족 안에서는 절반의 사랑만 받습니다. 자녀 입장에서는 갈등의 시작이 자신의 문제가 아닌데도 성장 과정에서 너무 큰 것을 잃고 마는 것입니다.

그런데 이 삼각관계는 계속 한 사람하고만 지속될까요?

아닙니다. 가족 안에서 삼각관계를 형성하는 대상은 얼마든지 바뀔 수 있습니다. 보웬은 "불완전한 가족은 대상이 사라지면 또 다른 대상이 삼각관계를 이뤄 불안한 관계를 지속한다."고 말합니다. 예를 들어 부모와 삼각관계를 맺던 큰딸이 유학을 가거나 결혼했을 때 그 자리를 또 다른 자녀가 메울 수 있습니다. 딸과 아들 같은 자녀와 다른 가족 구성원 이외에도 '일'이나 '중독'도 삼각관계의 한자리를 차지할 수 있습니다.

가족의 삼각관계는 세 가지 형태가 있습니다.

첫 번째는 세 사람 모두 갈등하고 있는 '갈등적 삼각관계'입니다. 서로서로 미워하고 증오하고 말 그대로 소멸 직전의 가족에게서 나타날 수 있는 형태입니다.

두 번째는 가장 많이 발생하는 '동맹적 삼각관계'입니다. 제가 그동안 설명했던 엄마와 딸이 서로 한편이 되어 아빠를 밀어내는 경우가 여기에 속합니다. 반대로 아빠와 딸이 서로 한편이 되어 엄마를 밀어내는 것도 동맹적 삼각관계라고 설명할 수 있습니다.

세 번째는 동맹적 삼각관계와 더불어 가장 많이 발생하는 '중재적 삼각관계'입니다. 예를 들어 엄마와 아빠가 서로 긴장과 갈등을 유지할 때 부모에게 화해를 중재하는 자녀가 있습니다. 엄마는 툭하면 딸에게 "아빠한테 전화해. 오늘 일찍 들어오라고." 명령합니다. 딸은 아빠에게 전화해 "엄마가 일찍 들어오라고 하셔." 말을 전하지만 아빠는 "웃기지 마. 엄마한테 전해. 오늘 바쁘다고." 대꾸합니다. 그러면 이제 딸은 또다시 엄마에게 아빠의 말을 전하는 악순환이 지속됩니다.

긴장 관계인 두 부부는 직접 싸우지 않고, 딸을 통해 자신의 앙금을 전달하는 것이죠. 부부는 덕분에 갈등 상황 속에서 발생하는 감정이 일부분 완화되지만 딸은 언제나 가족관계 안에서 중재자 역할에 고정됩니다. 사실 딸 입장에서 이러한 상황은 무척 버겁습니다. 늘 엄마와 아빠 사이에 풍기는 분위기를 감지해야 하고, 어떻게 둘 사이를 중재해야 할까 애쓴다는 사실만으로 힘겹습니다.

이러한 삼각관계 안에 놓인 자녀를 가족심리학에서는 '가족 희생양'이라고 일컫습니다. 어느 하루, 한때만 가족을 위해 중재자 역할을 떠맡는다는 것은 어렵지 않지만 유년 시절이나 성장 과정 내내 부모 눈치와 분위기를 살피고 지낸다는 것은 상당히 버거운 경험일 수밖에 없습니다.

가족희생양의 대표적인 통로는 삼각관계이다

제 아들은 중학교 시절에 공부를 게을리해서 아내와 자주 부딪혔습니다. 결국 삼수를 하게 된 아들은 인생에서 가장 후회하는 순간이 열네다섯 살이었던 중학교 시절이라고 말합니다. 아내와 아들은 아이가 어렸을 때는 사이가 좋았지만 중학교에 들어간 뒤부터 갈등이 시작됐습니다.

한번은 아내가 아들이 다니는 학원에서 요즘 숙제를 거의 하지 않는다는 전화를 받고는 아들에게 불같이 화를 낸 적이 있었습니다. 아내는 아들의 불성실에 화가 난 상태에서 "오늘 학원 숙제했어?" 따져 물었고, 아들은 엄마의 질문에 "했어!" 신경질이 잔뜩 섞인 대답을 하기 일쑤였습니다. 아내와 아들의 다툼은 한없이 이어졌습니다. "어디 숙제한 것 가져와봐." "엄마는 왜 자꾸 나만 보면 화를 내는 거야." "학원에서 네가 숙제를 안 해온다고 연락이 왔어." "요즘 학교 행사 준비하느라 어쩔 수 없었어." 아들은 학교에서 임원으로 활동 중이라고 항변하면서 아내에게 "그럼 임원 때려치울까." 반격했습니다. 아내는 "그건 아니잖아. 놀지 말고 숙제하면 되잖아." 수그러들었지만 아들은 엄마에게 더욱 기세를 올렸습니다. "요즘 너무 바빠서 그랬어." 아들의 당당한 태도에 아내는 "네가 뭐가 그렇게 바빠. 노느라고 바쁜 거지." 퉁명스레 말했습니다. 여기까지 대화가 이어지다 보니 아내와 아들 모두 언성이 높아졌고, 감정이 격해져 충돌 직전이었습니다. 이때 소파에 앉아 모자가 싸우는 모습을 지켜보던 제게 아내가 갑자기 소리를 질렀습니다. "당신은 도대체 뭐하는 사람이에요. 아빠라는 사람 맞아요?"

저는 아내가 돌연 저를 향해 다그치는 말이 "이제 그만 모른 체하고 둘 사이에 끼어들어 아들을 말려 달라."는 속마음이라는 것을 짐작했습니다. 저는 아내의 말을 알아듣고 아들을 타이르면서 "엄마에게 그렇게 말하면 안 돼. 아무리 힘들어도 숙제하는 게 우선이야." 빤한 훈계를 하고 말았습니다. 아들은 제 말을 듣자마자 아빠가 엄마 편에서만 자기를 공격한다고 여기고 화를 내며 제 방으로 들어가 버렸습니다.

저는 순간 당황스러웠습니다. 얼떨결에 아내와 아들 모두에게 공격받는 대상이 되어버린 것이죠. 아들은 아빠가 중립적이고 객관적인 입장을 버리고 비겁하게 엄마 편에 붙어 자기를 공격한다고 여긴 것입니다. 아내는 아빠로서 하는 일이 뭐가 있냐며 무능력한 가장의 모습을 질타하고, 평상시 자녀 교육에 별 관여를 하지 않은 태도를 나무란 것입니다. 문제에 끼어들지 않고 가만히 있다고 해결되지 못하는 상황, 이른바 삼각관계가 발생한 것입니다. 저는 순간 억울해져서 "누구는 놀고 있는 사람이냐." 항변했습니다. 하지만 아내는 하나밖에 없는 자식 공부에 아빠가 관심을 가지라는 것이 무슨 큰 잘못이냐며 되레 화를 냈습니다. 졸지에 부부싸움이 벌어질 판이었습니다. 저는 미칠 노릇이었죠. 부부와 아들, 세 사람이 돌아가면서 싸움의 대상을 바꾸고 있었고, 다툼의 주제가 반복적으로 순환하는 듯했습니다.

삼각관계는 누군가를 끌어들여 갈등을 해결하려는 속성이 있어 여기에 휘말린 사람은 일종의 희생양이 될 수 있습니다. 가족 안에서는 언제나 사건사고가 발생하며 누구나 이 상황 속에서 스트레스를 받습니다. 가족 안에서 발생하는 긴장과 갈등은 단번에 해결하기 어렵습니다. 시작은 한순간이지만 이것을 해결하기 위해서는 긴 여정이 필요합니다.

가족 문제를 해결하는 손쉬운 방법이 없는 것은 아닙니다. 누군가에게 책임을 떠넘기는 것이죠. 부모 입장에서 가족 문제가 자녀에게서 비롯한 것이 아닌데도 아이들의 문제인 양 비난하면 속은 편해집니다. 하지만 아무 이유 없이 무조건적인 비난의 대상이 된 자녀는 이른바 가족희생양이 되는 것입니다.

가족희생양이 만들어내는 대표적인 통로가 바로 삼각관계입니다. 많은 부모가 부부의 갈등 문제를 스스로 매듭짓지 못하고 자녀를 끌어들여 해결하려고 합니다. 자녀와 아주 친한 동맹 관계를 맺거나 때로는 자녀를 통해 갈등을 중재 받으려고 할 수 있습니다. 자기 의사와는 상관없이 무거운 역할을 떠맡은 아이들은 가족이 편하지 않습니다. 가족희생양 역할을 지속하는 것은 무척 긴장된 상태의 연속입니다. 문제는 가족희생양 역할을 떠맡은 아이들이 정작 성인으로 자랐을 때 슬프게도 엇비슷한 불행을 반복하고 재현할 가능성이 높다는 사실입니다.

가족희생양은 한 세대로 그치지 않는다

제가 상담했던 한 여성은 어린 시절에 엄마가 너무 바빠 초등학교 4학년 때부터 살림을 도맡았다고 합니다. 엄마는 어린 딸에게 자기 대신 아빠 식사를 준비하도록 시켰는데, 딸은 어쩔 수 없는 집안 사정으로 받아들였습니다. 아무리 어려운 환경이었어도 초등학교 4학년짜리가 감당하기에는 너무나 버거운 일이었습니다. 이 여성은 선택의 여지없이 가족희생양 역할을 수행하면서 성인이 되었고, 그 모든 것은 다 지나간 과거 일이라고 아무렇지 않게 이야기하면서 무심코 이런 말을 덧붙였습니다.

"제 딸이 초등학교 4학년인데 밥을 못해요."

저는 그 말을 듣고 깜짝 놀랐습니다. 이 여성은 본인이 겨우 열한 살 때부터 밥을 지어야 했고 그 사실 때문에 무척 힘겨워했는데도, 무의식적으로 어린 딸아이가 밥할 줄 모른다는 사실에 실망하고 있었던 것입니다. 쉽게 말해 '본전 생각'이라고 해야 할까요.

인간은 자신이 당한 불행을 반복하고 싶어 하는 속성이 있습니다. 특히 가족희생양은 반복성의 경향을 가집니다. 다시 말해 삼각관계가 발생하는 가족은 다음 세대에도 반복될 가능성이 높다는 것입니다. 삼각관계와 여기에서 발생하는 가족희생양은 다세대 전수의 형태를 보이는 것입니다.

가족 안에 희생양이 존재한다는 사실은 언제나 부부 사이에 갈등이 도사리고 있다는 반증입니다. 안타깝게도 희생양 역할을 맡은 자녀는 그 사실을 인지할 수 없습니다. 오히려 '내가 이 역할을 잘해내야 엄마에게 사랑받을 수 있고, 우리 가족 안에서 잘 버틸 수 있어.' 믿게 됩니다. 그래서 하루하루 긴장하고, 지치고, 힘들어합니다.

희생양 역할을 맡은 아이는 어린 시절을 벗어나 20~30대가 되어 결혼할 시점이 왔을 때 안타까운 특징을 보입니다. 아이는 성인이 됐는데 이미 지쳐버렸어요. 그래서 이제 막 결혼생활을 시작했는데 마치 수십 년 동안 지긋지긋한 가정을 꾸린 것 같은 감정이 내면에서 복받쳐 오릅니다. 첫발을 내딛자마자 지쳐버린 느낌이 드는 것이죠. 이 감정의 밑바닥에는 자신이 경험한 결혼생활의 본보기가 부모가 전부였는데, 어린 시절 마치 자녀였던 자신이 결혼생활을 한 것처럼 지쳐버린 감정이 누적돼 있는 것입니다. 그래서 정작 자신의 결혼생활을 시작했을 때는 부부와 자녀 관계 모두에서 에너지가 소진해 아무것도 하지 않으려는 경우를 종종 목격하게 됩니다. 결국 배우자와 자녀는 자신의 어린 시절처럼 방치된 기분을 느끼고, 자녀는 이러한 불균형을 해결하기 위해 삼각관계를 형성할 수 있습니다.

한반도에는 1년에 몇 차례 태풍이 찾아옵니다. 태풍은 육지에 상륙하기 전에는 맹렬한 기세를 보이다 시간이 지날수록 잠잠해지고 언제나 여지없이 소멸합니다. 태풍의 에너지원은 바다에 있는 엄청난 수분이기 때문입니다. 뜨거운 여름, 잔뜩 수분을 품고 거대한 태풍으로 몸집을 불리다 육지에 도착하는 순간 사라지는 큰바람.

가족 문제를 지켜보는 제 입장에서 한 가족이 무의식적으로 형성하는 삼각관계는 마치 태풍의 에너지원인 수분처럼 여겨집니다. 가족이 불행을 반복하는 까닭은 불행의 패턴인 삼각관계라는 에너지원이 있기 때문입니다. 불행의 반복성에 노출된 가족 안에서 발생하는 갈등을 해결하기 위해서는 삼각관계를 형성하려는 무의식적인 시도를 차단해야 합니다.

부모와 자녀 사이에 하루에도 수없이 삼각관계가 발생합니다. 이렇게 발생한 삼각관계는 계속해서 갈등의 불을 지속시킨다는 점에서 반드시 해결해야 합니다. 해결의 시작은 두 사람 사이의 관계에서 긴장과 불안이 올라왔을 때 자동적으로 누군가를 끌어들이는 '습관'을 줄이는 것입니다.

❋ ❋ ❋

가족의 삼각관계는 부모와 자녀뿐만 아니라 직장이나 대인관계 같은 사회관계에서도 반복될 가능성이 높습니다.

누구나 타인과 갈등이 생기면 화해하고 용서를 비는 작업이 너무 버겁다고 생각합니다. 타인에게 손길을 내미는 용기는 건강한 내면과 소통 능력에서 비롯합니다. 하지만 어린 시절 가족에게 상처를 입은 마음과 대화가 단절된 기억을 가진 사람들은 대부분 삼각관계를 통해 대인관계의 문제를 해결하려고 합니다.

삼각관계에 휘말린 자녀 혹은 누군가는 그 갈등의 문제를 다시 끌어안고 살아갈 수밖에 없습니다. 원래 내 문제가 아니었는데 내 문제가 되어버립니다. 어린 시절 가족 안에서 늘 힘들고 상처받았지만 그 까닭을 모르는 사람들은 고통을 직면하고, 말로 표현해야 합니다. 자신의 내면을 직시하는 순간 고통을 해결하는 길이 희미하게 열리고, 가족을 넘어 세상과 건강하게 소통할 수 있는 희망의 내일이 시작될 수 있습니다.

"아픈 가족은
두 사람이 갈등을 빚으면
또 한 사람을 끌어들이는
나쁜 습관이 있다."

아버지와 아들
아버지 죽이기와 새로운 세대의 홀로서기

Class
4

　정민 교수가 쓴《책 읽는 소리》에《임경업전》의 필사본과 관련된 일화가 나옵니다.

　아버지에게 사랑받은 집안의 딸이 시집을 간 뒤 몇해 만에 남동생이 혼인을 하게 되어 친정에 돌아왔는데, 예전에는 보지 못했던 소설 한 권이 놓여 있는 것을 발견합니다. 바로《임경업전》이었죠. 딸은 시댁으로 돌아가기 전에 책을 필사해서 가져가려고 친정에 머무는 동안 밤낮으로 종이에 옮겨 적었습니다.

하지만 아무리 애를 써도 절반밖에 끝내지 못했습니다. 아쉬움을 간직하고 떠나는 딸의 모습이 안타까웠던 아버지는 딸이 남기고 간 《임경업전》을 제 손으로 필사하기 시작했습니다. 여의치 않으면 아우에게 부탁하면서 어느새 가족 전체가 《임경업전》 필사에 매달리기 시작했습니다. 마지막에는 어린 조카까지 옮겨 적겠다고 우기는 바람에 삐뚤빼뚤한 글씨로 또 한 장을 채웠다고 합니다. 그렇게 온 가족이 동원된, 아버지의 감독 속에서 《임경업전》의 필사를 마무리해 드디어 딸에게 완성된 책을 보냅니다.

아버지는 딸에게 필사본을 보낼 때 마지막 여백에 이런 글을 썼다고 합니다.

아비 그리울 때 보아라.

저는 이 글이 무척 가슴에 와닿았습니다.

우리는 흔히 조선시대가 너무 가부장적인 시대였다고 짐작하지만, 어느 시대에나 가슴 따뜻한 아버지의 초상은 얼마든지 만날 수 있습니다. 시댁에서 온갖 고생을 겪고 있을 딸이 '아비 그리울 때 보아라.' 하고 적힌 필사본을 품에 안았을 때 얼마나 가슴이 뭉클하고, 따뜻했을지 눈에 선합니다.

아들의 오이디푸스 시기, 혼란의 질서

시대를 막론하고 가슴 따뜻한 아버지는 언제 어디서나 존재합니다. 아버지와 딸 일화로 이야기를 시작했는데, 이와 반대로 '아버지와 아들'에 관한 이야기는 언급한 사연이 주는 따뜻한 감정과는 조금 차이가 나는 것이 사실입니다.

아버지와 아들 관계를 심리학적인 관심을 가지고 조명한 사람이 있습니다. 심리학의 아버지 프로이트죠. 프로이트는 남성이 성장기 과정에서 아버지와 맺는 관계가 매우 중요하다고 생각했습니다. 아들이 아버지와 결국 어떤 관계를 맺는가, 하는 것이 그 후에 발생하는 수많은 인간관계의 기본 틀로서 작용한다는 것이죠.

서구에서 발전된 심리학을 살펴보면 놀랍게도 그리스인의 사고 체계를 만날 수 있습니다. 프로이트 또한 아버지와 아들 관계에 대해 그리스 신화를 기반으로 설명합니다. 특히 그리스 비극의 대표적인 주인공 이름을 딴 '오이디푸스 콤플렉스'는 아들이 성적인 대상인 어머니를 놓고 아버지와 싸우는 내용이지만 여기에는 인간의 성장과 통합, 공존의 지혜가 어디에서 비롯했는가를 설명하고 있습니다.

프로이트가 말한 오이디푸스 콤플렉스는 엄마와 아버지, 아들 사이에 형성되는 '삼각관계'를 설명하는 개념이기도 합니다. 아들은 누구나 오이디푸스 시기를 살아가는데, 대략 3세에서 17세까지의 시기라고 할 수 있습니다. 사실 오이디푸스 시기를 살아가는 아들에게 세상은 정말 혼란 그 자체입니다. 그래서 프로이트는 오이디푸스 단계를 '내면에 혼돈의 질서를 부여하기'라고 표현합니다.

엄마 곁에 항상 존재하는 저 남성은 누구일까

그렇다면 아들에게 도대체 어떤 혼란과 모순된 감정이 이 시기에 발생하는 것일까요?

아들은 한 살부터 두세 살까지 엄마는 내 몸의 일부이자 온전히 내 것이라고 생각합니다. 하지만 걸음마를 떼고, 사물을 구분하면서 엄마는 당연히 나만 사랑하는 줄 알았는데, 또 다른 한 남성과 친하다는 것을 인식합니다. 아기인 아들 입장에서는 '저 사람은 도대체 누구일까?' 낯설고, 궁금증이 떠오를 수밖에 없습니다. 그렇게 아들은 나와 하나로 연결된 엄마 주변에서 가깝고 친밀하게 존재하는 아버지에 대해 자기도 모르게 거부감을 느낍니다. 오이디푸스적인 감정이 발생하는 것이죠.

이 부분에 대해서 여전히 많은 논란이 존재하지만, 아이를 키워본 부모라면 이맘때 이와 유사한 아이의 감정적 반응을 자주 발견할 수 있습니다. 아들은 아버지라는 존재를 경계하면서 "아빠 미워, 싫어." 하는 감정을 내비치기도 합니다. 문제는 아들에게는 엄마의 사랑만이 아니라 아버지의 사랑도 반드시 필요하다는 점입니다. 아들은 아버지를 미워하는 동시에 사랑받고 싶어 하고, 자신이 존중받는 하나의 소중한 존재가 되고 싶은 양가감정이 동시에 발생합니다. 이것이 바로 아들이 오이디푸스 시기에 겪는 혼란입니다.

아들이 아버지를 무조건 미워하고 적대자나 경쟁자로 여긴다면 오히려 어려운 감정이 아닙니다. 하나의 감정만 품는다는 것은 상대적으로 쉽습니다. 하지만 아버지가 미운 동시에 필요하고, 사랑을 갈구하는 양가감정에 휩싸이면 고통은 배가됩니다. 아들은, 인간은 이러한 양가감정을 세 살 시기부터 직면해야 하는 것입니다.

역설적으로 아들이 오이디푸스 시기를 잘 극복하기 위해서는 아버지의 도움이 필수적입니다. 아들에게 눈길 한 번 주지 않고, 놀아주지도 않으면 아들은 아버지라는 존재를 더욱 낯설게 여깁니다. 가족에게 냉정하고, 무관심하고, 아내에게 따뜻하게 대해주지 않으면 아들 입장에서는 낯선 존재에게 더한 경계심을 느낍니다. 게다가 엄마가 '저 사람' 때문에 늘 힘들어한다면 아들은 아버지에 대한 본능적인 경계심과 더불어 적개심까지 합리화하게 됩니다. 그렇다면 아들은 이후에도 계속해서 아버지에게 거리감을 가지고 성장할 가능성이 커집니다. 결과적으로 아들은 오이디푸스 단계에 멈추고, 고착된 상태에 머물게 됩니다.

반면에 아버지가 엄마에게 다정하고, 관심과 사랑을 주는 것뿐만 아니라 아들에게도 따뜻한 미소와 공감을 내보이고 함께한다면 아들은 제 마음속에 도사린 양가감정을 나름대로 통합할 수 있습니다. 미움과 거부, 필요와 사랑 같은 모순된 감정을 스스로 추스르고 빛과 그늘을 하나로 모을 수 있는 아이로 변화하는 것입니다. 이 아이는 놀랍게도 이미 세 살 이후부터 혼란스러운 양가감정을 다룰 줄 아는 인간으로 성장하는 것입니다. 이를테면 유치원에 갔을 때 자기를 힘들고 불편하게 하는 친구가 있다 하더라도 관계를 단절하지 않습니다. 싫은 친구이지만 그 아이의 어떤 면은 좋기 때문에 무조건 '너 싫어.' 거부하기보다 타협하고, 싫은 마음 너머 좋은 면을 발견하면서 공존하려고 노력합니다.

공존의 능력, 저절로 향기를 풍기는 꽃 같은 존재

공존의 능력이야말로 가장 인간다운 모습입니다. 공존할 수 있는 능력을 갖췄다는 것은 험난한 오이디푸스 시기를 잘 극복해냈다는 것을 의미합니다. 아이는 '싫지만 좋은' 이 양가감정을 수습하고, 통합할 수 있는 능력을 갖춘 인간으로 성장합니다. 아이는 유치원이나 학교, 숱한 단체생활과 관계 속에서 균형 잡힌 인간으로 자리 잡습니다. 주변 사람에게 인기가 있고, 누구나 좋아하는 존재가 되는 것이죠.

상대가 자신에게 실수해도 즉각적으로 보복하기보다 용서하고, 또 다른 긍정적인 면을 보려고 애쓰는 사람. 주변 사람은 저절로 이러한 아이를 알아봅니다. 이 아이에게 있는 내면의 힘을 느끼고 편안해 합니다. 이런 아이는 어른이 된 이후에도 건강하고 성숙된 자아를 지니고 살 수 있는 가능성이 높아집니다.

따라서 오이디푸스 콤플렉스는 단순하게 아들과 아버지가 관계 속에서 엄마를 놓고 싸우는 수컷들의 싸움이 아닙니다. 본능적인 '아빠 미워.', '아빠 좋아해.'라는 양가감정을 나름대로 통합하고 수습한 그 아이가 성숙된 자아를 가진 인간으로서 첫출발할 수 있다는 것을 의미합니다.

반면에 오이디푸스 시기에 고착된 아들은 성숙한 자아를 형성할 가능성을 잃고, 이분법적 사고에 머물고 맙니다. 세상을 흑과 백으로 나누고 좋은 사람, 싫고 나쁜 사람으로 엄격하게 구분합니다.

건강한 삶은 유연성에 있습니다. 흑도 있고 백도 있고 파란색도 있고 노란색도 있다고 포용하는 삶의 유연성과 사고의 융통성이 모든 인간을 건강한 자아로 성장시킵니다. 오이디푸스 시기에 고착된 아들은 그 성장의 가능성을 차단당합니다. 그래서 어린아이 시기를 갓 벗어난 사춘기 시절부터 극단적인 사고 형태에 빠질 우려가 큽니다. 이를테면 지나치게 가부장적이거나 때로 남성우월주의에 빠질 수 있습니다.

아들의 성장 과정에서 따뜻하고 사랑을 줄 수 있는 아버지는 반드시 필요합니다. 아들에게 자상하고 시간을 함께하는 아버지는 아들이 본능적으로 품고 있는 적개심을 완화시키고, 성장하면서 오이디푸스 단계를 벗어나 건강한 자아를 형성하게 해줍니다.

어린 시절 아버지와 관계가 힘들었던 사람을 '현대판 오이디푸스'라고 부를 수 있습니다. 비극적인 인생의 고통과 아픔을 끌어안고 살아야 했던 인간의 숙명을 아들의 삶에 무심코 짐 지우고 있는 것은 아닌지 무엇보다 부모의 삶을 되돌아봐야 합니다.

아버지 죽이기, 새로운 세대의 숙명

아무리 시대가 바뀌어도 언제나 새로운 시대를 나타내는 상징은 아들이고, 구시대를 대표하는 인물은 아버지입니다. 모든 시대마다 신구 세대의 갈등이 존재합니다. 구세대가 너무 압도적이면 새로운 세대가 설 자리가 없고, 결국 아들 세대는 아버지 세대와 끝없는 긴장과 갈등의 연장선에 놓이게 됩니다. 바로 그 부분을 날카롭게 관찰한 사람이 프로이트라고 이야기할 수 있습니다.

그리스 신화에는 최고의 신 제우스를 비롯해 그의 형제 포세이돈, 하데스가 등장합니다. 그리스 신화라는 제국에는 이 형제 신들이 왕족처럼 신화의 세상을 주도합니다. 그런데 이 형제 신들이 제국의 주인이 될 수 있었던 방법이 무엇인지 아십니까? 세 형제의 아버지 신, 크로노스를 무찌르고 그의 몸을 잘라 나눠 가짐으로써 드디어 신화 속의 주신(主神)으로 등극한 것입니다.

제우스를 비롯한 3명의 신이 결국 세계의 지배자가 될 수 있었던 것은 과거 시대, 바로 아버지를 극복했기 때문입니다.

아버지가 살았던 시대가 아닌 새로운 시대와 세계를 살아가야 하는 아들에게는 중요한 숙제가 주어집니다. 이미 세상은 변했고, 다른 문화와 조건, 필요가 요구되기 때문에 아들은 아버지가 살았던 방식으로는 성공할 수 없다는 사실을 알아차립니다. 따라서 아들은 아버지를 꺾고 뛰어넘어야 한다고 생각하지만 여전히 아버지의 권위와 경험에 짓눌리고는 합니다. 안타깝게도 무기력해진 아들들은 다음 시대의 주인공으로 살아가기 어렵습니다.

주변을 살펴보면 커다란 성공을 거둔 아버지의 아들은 그다지 행복하지 않아 보입니다. 아들이 진심으로 행복한 순간은 아버지를 뛰어넘고 나아가 인정받을 때이지만 그게 말처럼 쉬운 일이 아닙니다. 남들보다 훨씬 능력 있고, 누구나 그 존재를 알고 있는, 늘 누구의 아들로 살아왔던 아들은 어쩌면 평생 동안 아버지의 그늘에서 벗어날 수 없는 숙명을 타고난 것인지도 모릅니다.

아버지가 아들에게 줄 수 있는 공감

제 아들이 열 살 무렵 기억나는 일화가 있습니다. 제가 10년 전에 《가족의 두 얼굴》을 출간했을 때, 제 첫 번째 작품이라는 생각에 정말 아끼는 마음으로 출판사에서 증정한 초판본 다섯 권을 연구실이 아닌 집 서재 책꽂이에 진열했습니다. 평생 동안 기념하면서 보관할 마음에 뿌듯한 것도 잠시, 바쁜 시간을 보내고 어느 날 책꽂이를 살펴봤더니 다섯 권 모두 감쪽같이 사라진 것을 발견했습니다. 깜짝 놀라 아내에게 물어봤지만 역시나 전혀 모르는 눈치였습니다. 저는 혹시 몰라 아들에게 책이 사라진 까닭을 물었습니다. 그런데 그 당시 초등학교 2학년인 아들은 묵묵부답이었습니다. 저는 아들이 범인이라는 생각에 계속 따져 물었습니다. 그제야 아들은 다섯 권 모두 사람들에게 나눠주었다고 솔직하게 털어놓았습니다.

자기가 쓴 책도 아닌데 작가처럼 다섯 사람에게 나눠주었다는 말에 저는 누구에게 준 것인지 되물었습니다. 저는 아들의 대답을 듣고 깜짝 놀랐습니다. 아들이 아빠의 책을 가장 먼저 선물한 사람은 놀랍게도 아이가 다니는 영어학원 운전기사 아저씨였습니다. 사실 저도 늘 바쁘다는 핑계로 아들과 놀아주는 이상적인 아빠는 아니었는데, 이 운전기사 아저씨는 정말 좋은 분이었습니다. 아들은 버스에 오르면 운전기사 아저씨 옆에 앉아 학원에 도착할 때까지 대화를 나눈다는 것이었습니다.

아들은 아빠가 쓴 책처럼 어른에게 드릴 선물이 생겼을 때 맨 처음 떠올린 사람이 선생님이나 친구 부모가 아니었습니다. 자기 이야기를 들어주고 공감해준 운전기사 아저씨였던 것입니다. 짧은 시간 동안 오가는 길 위에서 속마음을 나눈 아저씨가 제 대신 아빠 역할을 했던 것입니다.

저는 상담실에서 가족 문제를 해결하기 위해 찾아온 많은 아들을 만났습니다. 10대에서 40대에 이르는 아들들의 문제를 다루다 이들에게 공통점이 있다는 사실에 놀랐습니다. 그것은 아들들이 하나같이 아버지와의 관계에서 어려움을 가졌다는 사실이었습니다. 아버지와 갈등하고 화가 나 있는 아들뿐만 아니라, 좀 더 명확하게 표현하자면 아버지와 어떤 관계도 가지지 못한 아들이 대부분이었습니다.

아버지는 아들에게 무관심했고, 아들 인생에 거의 개입하지 않았습니다. 아버지와 드물게 나눈 대화에서도 아들은 어떤 공감을 받지 못했습니다. 이러한 문제는 겉으로 드러나지 않았습니다. 아버지는 아들에게 어떤 폭력을 행사하거나 폭언을 일삼지 않았기 때문에 주변 사람조차 아들이 힘들다고 생각하지 않았습니다. 하지만 '소리 없는' 무관심은 아들 인생에 커다란 후유증을 남겼습니다.

엄마가 아무리 완벽한 사랑을 베풀어도 아들에게는 2퍼센트가 부족합니다. 그 2퍼센트는 엄마가 아닌 아버지만 줄 수 있는 정서적 영역인 것이죠. 아버지와 어떤 관계도 맺지 못한 아들에게 부족한 그 2퍼센트의 특징은 아버지가 아들에게 줄 수 있는 경험과 지혜, 같은 남성끼리 즐기는 놀이의 경험, 함께하는 시간의 대화와 그 속에서 발생하는 공감의 결핍이라고 말할 수 있습니다.

우리가 인생을 살다 보면 힘든 순간이 수없이 찾아옵니다. 몸의 질병, 경제적인 문제의 어려움도 크지만 대부분의 고통은 사람으로부터 비롯합니다. 내가 전혀 의도하지 않았는데 직장 동료나 친구, 가족에게 오해받고, 상처받는 일이 부지기수입니다. 며칠 지나면 일상을 지배했던 힘든 순간은 잊히고, 상처도 둔감해지기 마련이지만 시간이 흘러갈수록 도무지 용서되지 않는 타인도 분명히 존재합니다.

그 사람은 대부분 내게 상처를 준 가해자가 아니라 오히려 내게 공감하고, 내 편이 되어 지지하고 위로해줄 수 있는데도 무관심했던 사람일 경우가 많습니다. 어쩌면 더 큰 상처의 가해자로 둔갑해버린 것이죠.

가족 안에서는 상처에 대한 기억 자체가 우리를 힘들게 하지 않습니다. 그 누구도 내 상처에 공감하지 않을 때 더 아프고 고통스러운 감정이 다가옵니다. 아들에게 아버지의 부재 자체는 상처로 여겨지지 않지만 아버지에게 받지 못한 공감의 부재와 결핍은 모든 것이 사라진 뒤에도 보이지 않는 아픔으로 남아 있습니다.

대화의 단절, 공감의 부재, 가장 무거운 학대

제 아들은 엄마와 싸울 기회가 많았습니다. 아내가 아들의 학교나 학원 공부에 대부분 관여했기 때문에 부딪칠 기회가 잦았던 것입니다. 어느 날 집으로 돌아가니 엄마와 아들이 심하게 다퉜는지 두 사람 모두 화난 얼굴로 씩씩거리는 모습을 보게 됐습니다. 여느 때 같으면 얼마 지나지 않아 엄마가 먼저 아들을 위로하고 분위기를 누그러뜨릴 텐데, 아내는 도무지 화를 풀고 싶은 기색이 아니었습니다.

저는 아들에게 다가가 "도대체 무슨 일이 있었니. 아빠에게 한번 이야기해봐." 말을 건넸습니다. 엄마에게 잔뜩 화나 있던 아들은 저에게는 차분한 목소리로 이야기를 들려줬습니다. 저는 30분 남짓 이어지는 아들 이야기를 무조건 경청했습니다. 고개를 끄덕이거나 잘했다, 잘못했다 어떤 추임새도 없이 그냥 아들이 제 속마음을 마음껏 털어놓도록 애썼던 것 같습니다.

"아빠, 고마워."

30분 전만 해도 엄마에게 화가 나 씩씩거리던 아들은 어느 순간 제게 이런 말을 건넸습니다.

아빠, 고마워. 제가 지금까지 인생을 살면서 아들에게 고맙다는 말을 들을 기회는 무척 드물었습니다. 고맙다, 아들에게 그 말을 들었던 시간을 되돌아보면 제가 아들에게 무조건 공감하는 경우였습니다. 별것 아닌 경험으로 보이지만 저는 그 순간이 아들 인생에 일종의 자신감으로 자리 잡는 것을 느낄 수 있었습니다.

아들이 아버지에게 받는 괴로움은 언뜻 비난과 무시가 떠오르지만 사실 무엇보다 대화의 단절이 가장 큰 문제라고 할 수 있습니다. 뉴스에 등장하는 학대와 폭언을 일삼는 아버지가 아니라 무수한 가정에서 아들과 소통하지 않고, 아들에게 필요한 공감의 에너지를 전혀 주지 않는 평범한 아버지들이야말로 어쩌면 '가장 학대하는 아버지' 중 하나일 수 있다고 저는 생각합니다.

하인즈 코헛*은 "공감의 부재야말로 성격장애를 야기하는 주된 요인"이라고 말합니다. 또한 스콧 펙**은 "어린 시절 겪은 공감의 결핍은 살아가는 동안 자기 자신을 못살게 괴롭히는 신경증 환자로 만들거나 반대로 자기 이외 모든 사람을 괴롭히는 성격장애자로 만드는 원인"이라고 말합니다.

배우자와 자녀에게 고의로 상처를 주는 아버지는 없습니다. 하지만 자신도 모르게 공감의 부재를 이어가면서 가족에게 보

---

* Heinz Kohut(1913~1981) 오스트리아에서 태어나 나치 정권을 피해 미국으로 망명한 정신분석학자로 자기심리학을 창시했다.
** Margan Scott Peck(1936~2005) 사상가, 군인, 강연가, 영적 안내자 등 다양한 삶을 살았던 정신과 의사로 자기계발서 분야를 개척한 작가로 평가받는다.

이지 않는 상처를 안기는 아버지는 생각보다 많습니다. 앨리스 밀러*는 "어릴 때 사랑하는 능력을 제대로 배우지 못하고 어른이 되면 자기 자녀에게도 필요한 사랑과 보호를 제공할 수 없다."고 이야기합니다. 밀러는 나아가 "공감이 무엇인지 모르는데 어떻게 사랑을 줄 수 있겠냐."고 되묻습니다.

밀러의 이 말은 가슴 아프게 다가옵니다. 어린 시절 아버지와 거의 대화할 기회가 없었고, 전혀 공감받지 못한 아들은 고통스럽게도 아버지와 똑같은 삶을 반복한다는 사실. 시대가 변해도 자녀 양육에서 엄마 역할의 중요성은 여전히 강조되지만 아버지 역할은 상대적으로 중요성이 떨어지는 것으로 인식됩니다.

다시 한 번 강조하지만 아들과 대화를 나누고 공감해줄 수 있는 아버지의 역할은 대체 불가한 필수적인 것입니다. 오늘 아들과 어떤 이야기를 나누고, 눈을 맞춘 시간은 얼마였는지 무심코 흘려보낸 시간의 실체를 들여다보고 깨닫는다면 보이지 않는 상처가 진행되는 것을 멈출 수 있습니다.

---

* Alice Miller(1923~2010) 폴란드에서 태어나 스위스로 이주해 정신과 의사이자 아동심리학자로 활동하며 아동 보호와 인권에 관심을 기울였다.

아버지와 좋은 관계를 맺는 아들이 인생에서 얻는 선물들

공감의 부재를 극복하기 위해서는 아들의 욕구부터 이해해야 합니다. 앞서 아들은 아버지를 닮고 싶어 하는 동시에 뛰어넘고 싶어 한다고 말했는데, 아들이 제 삶의 주인공이 될 수 있으려면 아버지가 그 판을 마련해줘야 합니다. 아들 혼자 헤쳐 나가느라 바둥바둥 애쓰기보다 아버지가 자신이 살았던 삶을 통해 얻은 지혜를 나눠주고, 자기를 뛰어넘을 수 있도록 인정하고, 격려하고, 공감하는 것이 중요합니다.

버트 헬링거*는 "멋지고 매력적인 남성들의 공통점은 아버지와 좋은 관계를 유지하는 아들"이라고 말합니다. 아버지를 향한 존경과 아버지를 뛰어넘고 싶은 열망은 아들의 사회적 성취의 동기가 됩니다. 살아가면서 풍부하고 다양한 인간관계를 형성할 수 있는 원동력이 되는 것이죠. 이러한 아들은 가까운 사람들이 속마음을 털어놓을 수 있고, 깊이 있는 우정을 쌓아갑니다. 잔뜩 가면을 쓰고 좋은 사람인 척하지 않고, 소중하고 친밀한 관계를 형성할 수 있는 그런 남자가 된다는 것이죠. 주변 사람들 기대에 맞춘 역할을 하지 않고, 거짓으로 스스로를 포장하

---

* Bert Hellinger(1925~2019) '가족치유법'을 창시한 독일의 가족치료사로 남아프리카에서 16년 동안 선교사로 활동했다.

94

지 않는다는 것이죠.

아버지와 좋은 관계를 맺은 아들이 인생에서 받는 좋은 선물은 더 있습니다. 바로 자기 자신과 좋은 관계를 맺는다는 것입니다. 높은 자존감을 지니고, 자기 자신을 긍정적으로 바라보는 사람들의 특징이 있습니다. 그들에게는 다른 사람을 좋아할 수 있는 자원이 있다는 것입니다.

자기 자신과 좋은 관계를 맺고 스스로를 가치 있게 여기는 사람은 다른 사람도 똑같이 소중하게 여깁니다. 그 사람에게는 타인의 가치를 인정하고, 배려할 여유가 존재하는 것입니다. 헬링거는 그 힘의 원동력을 바로 '아버지'라고 말합니다. 아들의 중요한 성장기에 삶의 긍정적인 힘을 불어넣고, 미래의 성공을 북돋울 수 있는 열쇠는 아들 자신이 아니라 아버지라는 존재라는 것을 반드시 기억해야 합니다.

아버지 콤플렉스, 마음의 응어리

프로이트는 당신의 아버지와 대단히 좋은 관계를 맺었습니다. 더욱이 학업 성적이 뛰어나 아버지에게 영웅처럼 인정받는 아들이기도 했고요. 아들인 프로이트 역시 아버지를 이상화시켰습니다. 이탈리아 통일 영웅인 가리발디와 같은 사람으로 추대할 만큼 아버지를 높게 평가했습니다. 실제로 둘의 관계는 정말 좋은 아버지와 아들 모습으로 비쳤습니다.

그런데 아버지가 임종 직전에 놓였을 때 프로이트는 이상한 행동을 합니다. 아버지가 중병에 걸려 언제 돌아가실지 모르는 상황인데 장기간 휴가를 떠난 것입니다. 누가 봐도 좋은 관계로 보였던 아들이라면 아버지 곁을 지켰을 텐데, 프로이트는 생사를 오가는 아버지를 외면합니다. 결국 프로이트의 아버지는 죽음을 맞이하고, 장남이자 상주인 그는 장례식에서 중요한 역할을 떠맡았습니다. 그런데 프로이트는 아버지 장례식을 앞두고 이발소에서 머리를 다듬으면서 시간을 낭비합니다. 결국 프로이트는 아버지 장례식장에 지각하고 맙니다.

프로이트는 이후 스스로 이해할 수 없는 자신의 행동을 들여다봅니다. 나는 왜 아버지의 임종을 앞두고 이상한 행동을 했는가, 탐색하고, 깊은 자기 분석 속에서 아주 중요한 것을 발견합니다. 바로 '아버지 콤플렉스'입니다.

정신분석, 분석심리학, 개인심리학을 비롯한 심층심리학은 우리 마음의 모든 병과 부부, 가족 갈등을 비롯한 수많은 관계 문제의 뿌리를 콤플렉스라고 규정합니다. 보통 콤플렉스라고 하면 개인심리학을 수립한 아들러(Alfred Adler)가 제시한 어떤 열등감의 개념으로 생각하지만, 사실 콤플렉스는 보다 범위가 넓습니다. 콤플렉스는 당연히 열등감도 포함되겠지만, 쉬운 말로 표현하면 '마음의 응어리'라고 설명하는 편이 더 적당할 것 같습니다.

마음의 응어리에는 흔하게 학벌, 성공, 애정과 관련된 사회적 맥락이 떠오르지만 보다 근본적인 차원에는 내 삶이 시작된 근원인 어머니, 아버지에 대한 콤플렉스가 도사리고 있습니다. 특히 남성, 아들에게는 아버지 콤플렉스, 이른바 아버지의 상처가 무의식적으로 인생에 영향을 끼칩니다.

콤플렉스 그 자체가 병적이거나 해로운 것은 아닙니다. 하지만 그 콤플렉스가 내재해 있다는 사실을 모르고 어떤 계기로 인해 무의식에 억압해 있다 의식의 통제를 벗어났을 때, 삶의 수많은 양상이 꼬이고 힘들어질 수 있습니다.

사진작가 김영갑은 제주도로 이주해 오름과 바다, 들판과 구름, 억새 같은 아름다운 풍광을 작품으로 남겼습니다. 그가 쓴 에세이 《그 섬에 내가 있었네》에는 아름다운 사진과 함께 당신의 아버지에 관한 기억을 소개한 부분이 있습니다.

그의 아버지는 어린 시절 좌익으로 몰려 몇 달 동안 유치장에서 심한 고문을 받은 다음에야 풀려났다고 합니다. 다행히 목숨을 건졌지만 그의 아버지는 이전과는 전혀 다른 사람으로 변하고 말았습니다. 성실하고 다정했던 아버지는 늘 술을 입에 달고 살았고, 취하면 폭군으로 돌변했습니다. 어린 김영갑은 '도대체 저런 인간이 왜 존재하는' 것인지 이유를 모른 채 살아갔다고 고백합니다. 그러고는 아버지 나이가 되어 있는 자신을 발견하면서 여전히 '나는 아버지를 이해하지 못했고, 이해하지 못한 채 살았다.'고 쓸쓸하게 고백합니다.

사진작가 김영갑의 이 말은 사연만 다를 뿐 수많은 아들과 아버지 관계에서 찾아볼 수 있는 서글픈 초상입니다.

'감정의 무단투기'는 전염병보다 강하게 가족을 지배한다

아들이 아버지 콤플렉스를 가진다는 것은 아버지와 어떤 방식으로든 얽히고, 아버지가 해결하지 못한 수많은 마음의 응어리를 품게 된다는 의미입니다.

아버지가 아들에게 가하는 최악의 행동 하나가 있습니다. 바로 '감정의 무단투기'입니다. 아버지는 쉽지 않은 사회생활과 더불어 가족까지 부양해야 해 녹록찮은 삶일 수 있습니다. 더구나 가정 바깥에서 일과 대인관계에 시달린다면 아버지에게는 정말 감당하기 힘든 수많은 부정적인 감정이 솟구쳤을 겁니다.

오랜 시간 가족상담을 하다 보니 아버지의 초상도 시대가 변하듯 달라진 것을 느낍니다. 요즘 20~30대 아버지는 구세대 아버지의 모습과 확연히 다른데, 40대 후반부터 50~60대 이상 자녀들은 아버지에 관한 공통된 문제를 안고 있습니다. 경제적으로 무능하고, 아내와 자녀에게 폭언과 폭언을 일삼아 가족 모두를 힘들게 만들었다는 것이죠. 가정에 전혀 도움이 되지 않는 아버지가 왜 우리 집에 있는지 몰랐던 자녀들은 마흔이 훌쩍 넘은 나이에도 여전히 어린 시절 아버지라는 존재로부터 겪은 상처에서 벗어나지 못하고 있었습니다.

저는 이미 아버지 나이를 훌쩍 넘긴 세대의 아버지들은 왜 그렇게 가족을 힘들게 했는지 궁금했습니다. 그리고 오랜 관찰 끝에 아버지들이 살았던 혼란의 시대를 주목하게 되었습니다. 일제강점기 식민지로 전락한 조국, 해방 이후 갈라진 좌우익의 갈등, 무엇보다 힘들었던 한국전쟁의 시간들, 전쟁이 끝난 이후 급속한 경제 성장의 파도 속에 벌어진 수많은 혼란과 모순…… 저는 그 시대를 고스란히 겪으면서 숱한 갈등을 끌어안고 '살아내야' 했던 아버지들의 상처와 스트레스를 외면할 수 없었습니다.

거친 시대와 환경 속에서 가족을 부양했던 아버지들에게는 공통된 특성이 존재합니다. 앞에서 말한, 바로 감정의 무단투기입니다. 감정의 무단투기를 일삼는 아버지에게는 알코올 중독,

가정폭력, 정서적인 냉담함, 무관심…… 무엇보다 이기적인 행동이 공통적으로 드러납니다. 문제는 감정의 무단투기가 아버지 본인에게 머물지 않고, 가족 안에서 무의식적으로 교류된다는 사실입니다. 가족 안에서 감정의 교류는 전염성이 엄청나게 빠릅니다. 가족 구성원 중 한 사람이 쏟아내는 감정은 혼자에게 머물지 않고 가족 전체를 지배합니다.

프로이트는 제2차 세계대전이 발발하기 전에 나치로부터 벗어나 영국으로 망명합니다. 유대인인 프로이트가 오스트리아에서 가까스로 나치의 손아귀를 벗어날 수 있었던 배경에는 세계 곳곳에 흩어진 수많은 지인의 도움이 있었습니다. 그들은 나치의 유대인 박해를 알고 돈을 모아 막대한 헌금을 나치 정권에 헌납한 뒤 프로이트와 그의 가족을 풀어주게 한 것입니다.

프로이트는 가족을 이끌고 영국으로 망명하기 위해 이른 새벽, 빈 역에 도착합니다. 그 자리에는 20년 넘게 하녀로 일한 한 여성도 마중을 위해 나와 있었습니다. 프로이트와 가족은 이루 말할 수 없는 슬픔에 휩싸였습니다. 단지 유대인이라는 이유로 평생 살았던 고향을 도망치듯 떠나야 하고, 전혀 예측할 수 없는 미지의 세상으로 망명해야 하는 혼란에 사로잡힌 그때, 마중을 나온 하녀가 갑자기 울부짖기 시작했습니다. 주변 사람이 아무리 뜯어말려도 그녀는 기차역이 떠나가라 울부짖는 소리를 멈추지 않았다고 합니다.

저는 《정신분석의 역사》에 등장하는 이 일화를 보면서 이런 생각을 했습니다. 정작 그 순간 울고 싶은, 울어야 할 사람은 누구였을까. 당연히 프로이트와 그의 가족이겠지만 그들은 차마 울 수 없었을 것입니다. 인생이 뒤바뀔지 모르는 머나먼 여행을 앞두고 어떤 감정도 쉽게 내비치기 어려웠을 것입니다. 저는 어쩌면 그 하녀가 프로이트와 가족을 대신해 울부짖었던 게 아닐까 생각했습니다.

가족 안에서도 이와 유사한 일은 얼마든지 발생할 수 있습니다. 누군가 잔뜩 화가 나 있지만 속마음을 내비칠 수 없을 때 대신 표현해주는 존재가 있습니다. 대부분 자녀들이죠. 자녀들은 말썽을 일으키고, 사고를 저지르는 문제를 통해 표현하지 못하는 엄마 혹은 아버지의 감정을 대신 표출하는 것입니다. 가족 안에서 감정은 놀라운 전염성을 지니고 아버지와 아들, 엄마와 딸에게 고스란히 전달됩니다.

부모가 자녀에게 감염시키는 것은 사실 감정만이 아닙니다. 가족 안에서는 부모의 욕망마저 자녀의 인생으로 편입되는 경우가 많습니다. '프로이트의 계승자'로 여겨지는 자크 라캉(Jacques Lacan)은 "아버지의 욕망은 아들에게 모방되어진다."고 말합니다.

우리는 모두 내면에 욕망을 가지고 있습니다. 다른 말로 비전, 꿈, 열망이라고 할까요. 어떻든 그 욕망의 상당 부분은 사실 '내 것이 아니었을' 수 있습니다. 공교롭게 전염성이 강한 감정만큼 아버지가 전달한 욕망도 '감정의 무단투기'로 변질될 우려가 있습니다.

쓰레기를 버릴 때 함부로 버리지 않고 철저하게 분리수거해야 하듯 감정도 마찬가지입니다. 사회생활에서 스트레스를 받아 부정적인 감정에 휩싸인다고 해서 속마음을 마음대로 쏟아내서는 안 됩니다. 스스로 감정을 소화하고 마음을 분류할 수 있는 힘이 필요한 것입니다. 그러나 내면의 용량이 작은 아버지들이 있습니다. 내면에 엄청나게 쌓인 부정적인 감정을 쓰레기를 한꺼번에 버리듯이 가족에게 쏟아내는 아버지는 가족에게 얼마나 큰 고통을 안기는지 정작 자기 자신은 모르는 경우가 많습니다.

제가 상담했던 한 남성의 아버지는 사회에서는 흔히 말해 법 없이도 살 수 있는 사람이었습니다. 게다가 아파트 이웃에게 조금이라도 힘든 일이 생기면 앞장서서 도움을 주는 따뜻한 사람이기도 했습니다. 하지만 그 아버지는 현관문을 열자마자 바깥과 전혀 다른 인물로 돌변했습니다. 마치 '두 얼굴의 사나이'처럼 가족에게 폭언하고 폭력을 휘두르는 것이었습니다. 어쩌면 그 아버지는 바깥에서는 아무에게 도움받지 못하고, 스스로 해결하기 위해 입을 꾹 다문 채 혼자 속앓이하며 곪은 감정의 쓰레기를 친절한 가면 뒤에 숨기고, 집으로 들어오자마자 아들과 가족에게 자신의 감정을 무단투기한 것인지도 모릅니다.

아버지와 아들의 대물림

칼 융은 "나는 아버지처럼 살지 않을 거야, 하고 말하는 아들이야말로 아버지 콤플렉스를 자인하는 것"이라고 말합니다.

칼 융의 이 말에 깊이 공감한 까닭은 제가 20대에 어머니에게 했던 말이기 때문입니다. 저 역시 아버지 콤플렉스를 가졌던 아들인 것 같습니다.

아버지 콤플렉스는 '대물림'이라는 주제와 연결됩니다. 아들의 인생 속에는 아버지의 모습이 투영되기 마련입니다. 수많은 아들이 아버지처럼 살지 않겠다고 다짐하지만 어느 날 내가 아버지와 똑같이 살고 있는 모습을 발견합니다. 아버지의 부정적인 모습을 애써 거부했는데, 정작 자기 안에서 되살아난 것입니다.

아버지 콤플렉스를 가진 아들들은 아버지를 무의식적으로 닮습니다. '흉보면서 닮는다.'는 우리 속담이 있습니다. 아버지의 부정적인 모습을 무의식적으로 자기 안에 받아들이는 현상을 '강박적 충성심'이라고 일컫습니다. 눈에 보이지 않는 충성심이죠. 예를 들어 아버지가 알코올 중독에 가정폭력을 일삼는데다 가족에게 너무 냉담하고 이기적이면서 경제적인 문제까지 야기했다면 아들은 당연히 아버지를 좋아할 수 없습니다. 그런데 아들은 가장 싫고 비난했던 아버지의 모습을 무의식적으로 작동하는 강박적 충성심에 의해 자기 안에 받아들여 얼마든지 반복할 수 있다는 것입니다. 따라서 아버지와 아들 사이의 대물림에는 아버지 콤플렉스가 아주 중요하게 작동하고 있다고 말할 수 있습니다.

가족 안에서 발생하는 과거의 불행한 경험을 관계의 패턴 속에서 관찰하다 보면 아버지라는 존재를 무조건 가해자로 파악하는 데 다소 어려움이 있습니다. 대물림의 역사를 소급해보면 아버지 역시 피해자인 경우가 허다하고, 안타깝게도 피해자인 아들 역시 세월이 흘러 가해자가 되는 경우를 심심찮게 발견할 수 있습니다. 이렇듯 가족의 상처와 불행은 세대와 세대로 전달되는 경우가 많습니다.

"아비가 묻어둔 것이 아들을 통해 발설된다. 아들은 곧 아비의 벌거벗겨진 비밀이다."

니체가 《차라투스트라는 이렇게 말했다》에서 한 말입니다. 저 역시 한 아들의 아버지이기 때문에 이 말을 부인하기 어렵습니다.

아버지는 사회적 가면을 쓰고 제 안에 웅크린 여러 가지 부정적인 감정과 분노를 숨기고, 은폐하고, 억압하면서 살아갈 수 있습니다. 하지만 아들은 아버지가 숨기려고 애쓰는 모든 면을 보고 있다는 것입니다.

사람들이 이야기합니다. 아버지가 법 없이도 살 수 있는 분이고 인격적으로 저렇게 훌륭한데 아들은 왜 이러냐고. 니체는 말합니다. 바로 실망 끼치고 엉망인 아들이 그 아버지의 벌거벗겨진 비밀이라고. 결국 우리는 아들 속에서 아버지를 볼 수 있습니다. 그리고 아버지의 모습 속에서 아들의 미래를 발견할 수 있는 것입니다.

토니 험프리스*는 30년 동안 아버지에게 폭행과 학대를 당한 수많은 가족과 가해자를 상담한 결과 누구 하나 일부러 자녀와 배우자를 해코지하려고 의도한 경우는 전혀 없었다고 이야기합니다. 놀랍게도 모든 가해자가 자신이 가족을 얼마나 힘들게 했는지 전혀 몰랐다는 것입니다. 가족을 고통의 수렁 속에 내던져

---

* Tony Humphreys 아일랜드 출신의 임상심리학자로 세계 여러 지역에서 교육과 의사소통, 자아실현에 관해 강의하고 있다.

놓고 정작 자신은 깨닫지 못한 그 부분에 지난날의 아버지 인생이 존재하는 것입니다. 그리고 아들은 아버지의 인생을 무의식적으로 답습하면서 불행의 대물림을 지속하고 마는 것입니다.

✳ ✳ ✳

아들에게 상처를 남긴 아버지가 있습니다. 이 아버지는 사실 괴물이 아닙니다. 수많은 아버지 세대와 마찬가지로 험난한 세월을 살아내면서 많은 상처와 아픔을 경험한 평범한 사람 중 하나일 수 있습니다.

하지만 불행의 반복성을 깨닫지 못한다면, 대물림의 악순환을 끊지 못한다면 아버지와 아들은 그다음 아버지와 아들에게 전달돼 그들의 삶 속에서 ㅍ아버지 콤플렉스를 전염병처럼 지니고 살 수밖에 없다는 사실을 기억하면 좋겠습니다.

제가 상담했던 한 남성을 잊을 수 없습니다. 그 남성의 고민의 시작은 결혼한 지 얼마 지나지 않아 아내와 대화하다 의견이 충돌하자 한순간 격분해서 바닥으로 밀쳐버린 사건이었습니다. 남성은 아내를 떠민 순간 '내가 지금 무슨 짓을 벌인 거지.' 깜짝 놀라 제게 상담을 요청했던 것입니다.

이 남성에게는 당연히 숨은 비밀이 있었습니다. 바로 아버지입니다. 남성의 아버지는 가족에게 이루 말할 수 없는 폭행과 폭언을 일삼았고, 언제가 아버지가 될 아들인 남성은 자신도 모르게 소중한 가족에게 그 불행을 반복할 수 있다는 '가능성'을 한순간의 행동으로 경험한 것입니다.

가족 안에는 어쩌면 영원한 가해자도, 피해자도 없는 것 같습니다. 도대체 우리 가족에게 어떤 일이 있었고, 아버지 인생에 어떤 부분이 있었는지 똑바로 바라볼 수 있다면 이 대물림의 악순환을 끊을 수 있는 첫걸음이 시작될 것입니다.

"아들은 아버지의 벌거벗은 비밀"

엄마와 아들

애착과 독립, 중독과 착한 아이 콤플렉스 사이

Class
5

　엄마와 아들에 대해 심도 깊은 연구를 한 보웬은 모자 관계에서 발생할 수 있는 전형적인 역기능 중 하나가 '공생관계'라고 이야기합니다. 바깥으로부터 완전히 분리된 단단한 캡슐 안에 엄마와 아들만 들어 있는 상태라고 할까요.

　'모자 공생관계'에 놓인 엄마와 아들은 겉보기에는 별다른 문제가 없어 보입니다. 아들에게 헌신하는 엄마, 엄마를 유난히 따르는 아들처럼 오히려 다정한 모습으로 비칠 수 있습니다. 하지만 엄마에게 무조건 의존하며 자란 아들은 엄마 이외의 관계에 미숙해 모든 선택과 판단을 엄마에게 내맡기고, 엄마는 아들의 독립과 분리를 허용하지 않고 제 품에서 질식하게 만듭니다.

《잃어버린 시간을 찾아서》를 쓴 마르셀 프루스트는 전형적인 모자 공생관계를 보여주는 인물입니다. 알랭 드 보통은《프루스트가 우리의 삶을 바꾸는 방법들》에서 엄마 손아귀에 붙들린 아들 프루스트의 모습을 묘사합니다. 프루스트와 엄마는 열렬한 연인처럼 밀착되어 있었고, 엄마는 아들이 자기 없이는 아무것도 할 수 없다고 여기고 눈감을 때까지 함께 살았습니다.

엄마가 돌아가실 때 프루스트는 서른넷이었습니다. 프루스트는 엄마가 아들이 건강하기보다 내심 병약하고 의존적이기를 바랐다는 사실을 감지했다고 합니다. 그래서 모자 관계는 간호사와 환자처럼 고착되고, 프루스트는 엄마 애정을 얻으려면 건강을 회복하면 안 될 것 같은 요구를 받았다고 합니다.

공생과 감옥 사이에서 헤매는 사랑

모자 공생관계에서 엄마는 아들이 성장해서 성인으로 독립할 존재가 아니라 죽을 때까지 돌보고 염려하는 존재로 여기고 결코 제 품에서 떠나보내려고 하지 않습니다. 그래서 엄마는 아들을 더욱 의존적으로 키우고, 자신은 반드시 필요한 존재라고 주입합니다. 따라서 아들은 행복하고, 건강하고, 씩씩한 모습이 아니라 안타깝고, 불행한 형편에 빠져 엄마의 손길이 필요한 상태에 머뭅니다.

이러한 모자 공생관계에 놓인 엄마와 아들 사이에는 경계가 없습니다. 엄마의 감정이 아들의 감정이고, 엄마의 생각이 아들의 생각으로 하나의 덩어리가 됩니다. 이것은 가장 고통스러운 모자 관계의 시작입니다.

보웬은 엄마와 아들 관계가 지나치게 뒤엉켜서 생활과 감정의 경계가 무너질 때 발생할 수 있는 여러 증상 중 하나가 '정신분열'이라는 사실을 밝혀냅니다. 아들은 엄마에게 온전히 의존하고, 강한 결속을 맺으면서 제 인생에 없는 생각과 감정을 스펀지처럼 빨아들입니다. 엄밀하게 따지면 제게 속한 것이 아닌데도, 아들은 엄마를 통해 느낀 생각과 감정의 분위기를 내면에 받아들이면서 고통받습니다. 엄마에게 제 삶을 저당잡힌 아들은 자기 감정을 스스로 통제할 수 있는 힘이 떨어집니다. 좀 더 충동적일 수 있고, 감정이 지나치게 한쪽으로 치우칠 수 있는 것이죠.

가족상담을 통해 만난 20대 중반의 형제가 있습니다. 두 아들은 모두 엄마와의 관계로 고통을 느끼고 있었는데, 사연을 들어보니 엄마는 형제가 엄마 도움 없이는 아무것도 못하는 의존적이고 무능한 존재로 키운 것이었습니다. 형제가 사춘기를 지나 스무 살 성인이 되면서 지나치게 밀착했던 엄마로부터 벗어나려고 애쓸 때마다 두 아들은 엄청난 비난을 들어야 했습니다. 엄마와 감정적으로 뒤엉키는 게 싫어 거리를 두려고 하면 엄마는 "내가 너희를 어떻게 키웠는데 이렇게 인정머리 없게 행동하니." 죄책감을 심어주었고, 그래도 독립된 삶을 고집하면 갑자기 쓰러져 응급실에 실려 가거나 만성질환이 심해져 입원하는 바람에 형제는 결국 엄마 곁으로 되돌아올 수밖에 없었습니다.

엄마는 지금까지도 형제와 마치 한 몸처럼 연결돼 두 아들이 스스로 느끼고 판단하게 하지 못하고, 오직 자기 생각과 감정을 강요했습니다. 형제 역시 엄마 마음을 달래려고 일부러 미숙하고 지나치게 의존적인 행동을 연출하기까지 했습니다. 겉으로 보면 엄마와 형제는 다정한 모자 관계로 오해할 공산이 큽니다. 하지만 늘 자신에게 의존하는 어린이 상태에 머무르기를 바라는 엄마의 요구 앞에 성장하고 독립된 삶을 향한 욕구를 억누르고, 생각과 감정을 포기해야 했던 형제에게 남은 것은 결국 고통뿐이었습니다.

인간관계를 움직이는 두 날개, 애착과 독립

인간관계를 움직이는 두 가지 힘이 있습니다. 그 힘의 한쪽 날개는 애착이고, 다른 날개는 독립입니다. 두 날개는 서로 상반돼 있습니다. 지나치게 애착하면 스스로 설 수 있는 독립심이 떨어지고, 지나치게 자기 삶을 고집하면 타인을 향한 애착이 희미해질 수밖에 없습니다.

엄마와 아들 사이도 마찬가지입니다. 모자가 지나치게 애착하는 관계라면 아들은 홀로 삶을 헤쳐 나갈 '독립'이 떨어지고, 엄마와 아들이 각자 자기 삶에만 집중한다면 '애착'이 들어설 자리가 없습니다. 모자 관계에서 중요한 점은 새가 두 날개를 펼쳐 날아오르듯 애착과 독립을 훼손하지 않고 적절한 균형을 유지하는 것입니다. 무엇보다 아들이 엄마로부터 얼마나 애착과 독립을 형성하는가 하는 것이 아들 인생에서 가장 중요하다고 할 수 있습니다.

모자 공생관계의 실체를 깊이 있게 밝혀낸 보웬은 엄마와 아들 관계에서 아주 중요한 개념을 확장시킵니다. 바로 '자아분화'입니다. 보웬은 "아들이 엄마와 어떠한 정서적인 밀착을 형성하는가에 따라 자아분화의 수준이 결정된다."고 말합니다.

자아분화는 조금 쉬운 말로 '자존감'이라고 표현할 수 있습니다. 자아분화가 높다는 것은 타인, 가족으로부터 자기 자신을 분리시킬 수 있는 능력이 있다는 의미입니다. 나아가 감정을 지적 체계, 이른바 이성에 의해 통제할 수 있는 힘이 있다는 것을 가리킵니다.

엄마와 아들 관계가 지나치게 융합하고 밀착해 있을 경우 자아분화는 낮을 수밖에 없습니다. 가족 안에는 경계가 없기 때문에, 아들은 결국 엄마로부터 '나'를 분리시키지 못합니다. 자아분화가 낮은 아들은 자신감을 잃고, 눈치를 보고, 지나치게 걱정하고, 아무 이유 없이 울적해지는 등 심각한 감정 변화를 보입니다. 말 그대로 일관성 없고 혼란스러운 기분과 행동을 수시로 나타내는 것입니다.

아들이 자아분화가 잘 이루어진다는 것은 결국 모자 관계에서 애착과 독립이 균형과 조화를 이룬다는 의미입니다. 이러한 아들은 사고와 감정에 균형이 생기고, 타인과 맺는 관계에서도 자율적이고 독립적인 힘을 얻습니다.

반면에 애착이 너무 강하거나 독립만 지나치게 높은 아들은 '미분화된 상태'에 고착될 수 있습니다. 자아분화가 부족한 아들은 감정과 사고를 구별하기 어렵고, 타인과 정서적으로 융합하려는 성향을 가집니다. 자아분화가 발달되지 못한 아들의 특징이 모자 공생관계에 놓인 아들의 상태와 연결되는 것입니다.

20대 중반의 성인이 됐는데도 여전히 엄마와의 관계에서 고통받는 형제는 실제로 청소년기 내내 교실에서 극심한 관계의 어려움에 시달렸습니다. 두 아들 모두 따돌림을 당했고, 또래와 어울릴 때 기쁘고 즐겁기보다 언제나 긴장과 갈등을 겪어야 했습니다.

중독된 모자 관계에서 벗어날 수 있는 용기

엄마와 지나치게 의존적인 관계를 강요당한 아들은 엄마 한 사람하고만 감정적으로 뒤엉키고 고통받는 게 아닙니다. 아들은 엄마와 맺은 관계가 세상 전부였기 때문에 다른 역할에 서툴 수밖에 없습니다. 아들은 성장하면서 엄마 이외의 관계와 맞닥뜨릴 때 소통의 어려움을 겪기 일쑤입니다. 아들이 교실, 운동장, 거리, 학원…… 바깥에서 맺는 관계까지 엄마가 보호하거나 돌볼 수는 없습니다. 아들은 균형 있는 관계와 소통 능력을 배우지 못했고, 오직 엄마와 맺은 기존의 의존적인 방식으로는 아무것도 얻을 수 없다는 현실 앞에서 혼란이 가중될 수밖에 없습니다.

아들의 자아분화 능력을 좀먹는 모자 공생관계에서 도움을 줄 수 있는 열쇠는 아버지일 수 있습니다. 아버지의 태도가 엄마의 지나친 보호 속에서 질식할 것 같은 아들을 구해줄 수 있는 것입니다. 남편인 아버지가 아내를 지지하고 사랑을 쏟는다면 엄마는 정서적으로 평온해지고, 무엇보다 아들만 바라보지 않게 됩니다. 그러면 폐쇄적인 모자 관계는 개방성을 가지고, 아들은 엄마를 떠날 수 있는 용기를 얻습니다.

'아들 중독'이라고 부를 수 있는 모자 공생관계는 실제로 중독에서 볼 수 있는 상호 의존관계를 형성합니다. 예를 들어 아버지가 알코올 중독인 경우, 나머지 가족은 술에 의존하는 아버지와 의존관계를 형성합니다. 술을 마시는 아버지가 너무 고통스럽기 때문에 가족은 알코올 중독자인 아버지에게 지나치게 좌지우지됩니다. 아버지가 술 마시지 않도록 애쓰거나, 술 마시고 들어온 날 상황을 미리 염려하면서 '술'이 가족의 일상을 지배합니다. 따라서 가족의 모든 일상은 아버지의 술 마시는 행위를 중심으로 작동합니다. 결과적으로 아버지의 술 마시는 행위는 가족의 대응으로 더욱 공고하게 지속 가능한 중독으로 굳어집니다. 최근의 알코올 중독 치료는 술을 마시는 당사자만이 아닌 가족까지 치료 범위에 포함시켜 중독으로 상호 의존하는 가족 체계를 변화시키는 근본적인 접근을 하고 있습니다.

모자 공생관계에도 이러한 치료적 접근이 필요합니다. 앞서 말했듯 엄마와 아들의 지나친 밀착 관계는 단지 모자만의 문제가 아니라 다른 가족, 특히 아버지의 역할이 분명히 작용합니다. 아버지가 중독된 모자 관계에 적극적으로 개입해야 하는 이유입니다.

중독된 모자 관계를 해결하기 위해서는 가족 안에서 엄마와 아들 관계가 어떤 모습인지 객관적으로 볼 수 있어야 합니다. 우선 부모가 관계 회복을 통해 지지와 사랑을 보여주는 평온함이 우선해야 합니다. 그리고 엄마와 아들 사이에 일정한 경계선을 설정하는 작업도 필요합니다.

엄마는 아들에 대해서 조금은 관대하게 바라볼 수 있는 용기가 필요합니다. 아들은 자기의 인생과 미래가 있으며 그 속에서 형성할 수많은 인간관계가 있다는 사실을 잊어서는 안 됩니다. 어른이 된 후에도 엄마의 그늘을 벗어나지 못하고 자아분화하지 못하는 아들에게는 수많은 콤플렉스가 평생 그림자처럼 따라다닐 수 있다는 것을 명심해야 합니다.

자아분화하지 못한 아이의 또 다른 증세, 착한 아이 콤플렉스

오랫동안 공황장애로 고통받던 20대 남성을 상담한 적이 있습니다. 남성은 주기적으로 땅 밑이 꺼지고 한순간 천 길 낭떠러지로 떨어지는 공포를 느꼈고, 그 시간이 찾아오면 이불을 뒤집어쓰고 온몸을 웅크리고 있었습니다. 저는 이 남성의 자세가 어린 시절 너무 바쁜 부모가 혼자 두고 나가 무서움에 떨던 아이가 이불 속에 숨어 있는 모습과 유사하다는 것을 발견했습니다.

이 남성은 실제로 어린 시절 엄마가 항상 분주했고, 자신에게 너무 많은 요구를 했다고 말했습니다. 아들은 엄마를 실망시키고 싶지 않고, 귀찮게 하면 안 된다고 생각해 엄마의 수많은 요구를 묵묵히 수행했습니다.

엄마의 수많은 요구 중에는 자기 대신 성경을 필사하는 일도 포함됐습니다. 엄마는 성경을 필사해 교회에서 상 받기를 원했고, 아들은 공부 말고도 해야 할 일이 산더미였지만 엄마 대신 성경을 꼼꼼히 필사해 결국 상을 받게 한 착한 아들이었습니다. 이 남성은 오랫동안 '착한 아이 콤플렉스'로 고통스러워했는데도, 도대체 무엇이 자신을 그토록 힘들게 만들었는지 모르고 있었습니다.

착한 아이 콤플렉스는 자기 감정을 솔직하게 표현하지 못하고 타인에게 좋은 사람으로 보이기 위해 자기 욕구를 지나치게 억압하는 상태를 말합니다. 타인에게 거부당하고 미움받지 않기 위해 언제나 자기 자신보다 타인을 우선시합니다. 늘 타인의 눈치를 보고 상대방이 무엇을 원하는지 파악하기 위해 노력하고 평가에 민감합니다. 언제나 타인을 의식하기 때문에 자기는 무시되고 자기의 감정과 생각마저도 알지 못합니다. 착한 아이 콤플렉스의 핵심은 자기 자신을 소외하고 오직 타인 중심으로 살아가는 것에 있습니다.

상처 안에 웅크린 착한 아이의 그림자

오늘날 심리학에서는 아이가 엄마의 생각과 느낌, 욕구를 매우 정확하게 감지할 수 있다고 말합니다. 엄마의 견해를 이해하거나 파악할 수 있는 나이가 아닌데도 가능하다는 것이죠.

갓난아이에 관한 최근 연구에 따르면 엄마와 유아 사이에는 애초부터 의사소통이 이루어지고 있으며, 이때 갓난아이는 엄마의 보살핌을 수동적으로 받아들이는 대상이 아니라 엄마와의 관계를 스스로 능동적으로 만들어가는 존재라고 말합니다. 갓난아이는 이를 위해서 일련의 반사작용과 태어나면서부터 지닌 의사소통 능력을 사용하는데, 이 과정에서 엄마의 감정 상태, 두려움과 의심, 불안과 흥분, 실망감과 거부감, 사랑과 감정이입 등이 아이의 신체를 통해 고스란히 전달된다는 것입니다.

갓난아이는 본능적인 소통 능력으로 엄마의 눈길과 스킨십, 태도, 안는 자세, 표정, 몸짓과 목소리를 통해 전달되는 욕구를 감지하는 것입니다.

착한 아이 콤플렉스를 가진 사람은 비언어적 의사소통에 대단히 민감합니다. 이를테면 엄마의 불행한 표정을 보면 자기 불행으로 여기고 기쁘게 해드리려고 애씁니다. 그리고 엄마가 기뻐하면 이것은 자기 기쁨으로 받아들이는 것이죠.

착한 아이는 안타깝게도 '진짜 자아'를 형성하지 못합니다. 주위에서 요구되는 정서적인 압력에 굴하지 않고 독립적이고 융통성 있는 자아를 형성할 가능성이 희박합니다. 착한 아이는 진짜 자아 대신 '거짓 자아', 타인의 정서적인 압력에 쉽게 변모하는 자아를 형성하며 살아갑니다. 거짓 자아를 형성해 살아가는 아들이 보여주는 대표적인 모습이 바로 '착한 아이'인 것입니다.

우리는 어릴 때 '착하다.'는 말을 들으면 행복해합니다. 그리고 착한 아이가 되려고 노력합니다. 30년 가까이 가족상담 현장에 있으면서 수많은 아들을 만났습니다. 그런데 아들이 상담실을 찾아올 경우에는 언제나 뒤에 엄마가 함께 있다는 공통점이 있었습니다. 사춘기를 겪고 있는 10대뿐만 아니라 이제 막 세상을 향해 첫발을 내민 20대, 심지어 30~40대 아들을 데리고 온 엄마도 많이 보았습니다. 트라우마에 시달리고, 무기력한 표정의 아들들은 학습, 대인관계, 은둔 외톨이, 따돌림 같은 저마다 다른 증상을 안고 찾아왔지만 그중에서 많은 아들이 내밀한 상처 안에 착한 아이 콤플렉스를 지니고 있다는 사실을 관찰할 수 있었습니다.

가족심리학 관점에서 보면 이 아들들은 거짓 자아를 형성한 사람들이기도 합니다. 진짜 자아가 아닌 거짓 자아, 그러니까 부모가 원하는 삶, 타인이 요구하는 나, 바깥에서 나에게 원하는 역할의 가면을 철저하게 수행하고 살아온 아들들이었던 것이죠.

착한 아이의 특징이 있습니다. 어릴 때부터 부모가 원하는 역할을 수행하고, 거기에 길들여진 사람입니다. 그들은 스스로의 시선으로 자기를 보지 않고, 타인의 시선으로 자기를 봅니다. 언제나 부모가, 친구가, 동료들이 나를 어떤 눈으로 바라보는지 의식합니다.

어쩌면 그들은 타인에게 무척 관대하고 친절한 사람일 수 있습니다. 문제는 정작 자기 자신에게는 너무 냉정하고 엄격한 사람일 수 있다는 것입니다. 한 사람의 인생으로 따지면 얼마나 억울한 일입니까. 타인은 한없이 이해하면서 본인에게는 너무 통제적인 것이죠.

가족상담을 하다 보면 언제나 타인의 시선으로 자기를 바라보는 사람을 자주 만날 수 있습니다.

몇 해 전 20대 아들이 엄마와 상담을 받으러 온 적이 있습니다. 아들은 은둔 외톨이였습니다. 아들은 어느 순간부터 전혀 외출하지 않고 자기 방에서 하루 대부분을 보냅니다. 저는 아들을 상담하면서 깜짝 놀랐습니다. 그는 지난 20년 동안 엄마 뜻을 한 번도 거부한 적 없고, 언제나 원하는 대로 살았던 착한 아들이었습니다.

저는 상담을 통해 아들이 어린 시절에 얼마나 외로웠는지 관찰할 수 있었습니다. 특히 다툼이 잦았던 부모로 인해 아들은 여전히 깊은 상처를 간직하고 있었습니다. 아들은 엄마와 아빠가 싸울 때 무척 불안했고, 부모가 다투는 모든 이유가 자기 탓이라고, 내가 잘못해서, 거짓말을 해서, 착하지 않아서 싸운다고 생각하면서 하염없이 스스로를 책망했던 것입니다.

아들은 어린 시절의 아픔을 지금까지 마음의 그림자로 끌어안고, 바깥을 향한 삶의 문을 닫아건 채 제 안의 벽장에 웅크리고 지냈던 것입니다.

아들은 상담을 통해 제 안에 억압해 있는 감정을 드러내기 시작했고, 서서히 '착한 아들'이라는 가면을 객관적으로 바라보면서 회복의 길로 접어들었습니다.

나를 사랑할 수 있는 용기
....

장 피아제*는 "열 살 미만 아이들은 자기중심적 세계관 속에서 세상을 살아간다."고 말합니다. 아이는 제 시선에서 모든 세상을 접합니다. 예를 들어 부모가 다투는 모습을 보면 아이는 두 사람의 성격이 다르고, 어떤 사연 대문에 싸우는지 전혀 헤아리지 못합니다. 오직 내가 착하지 않아서, 공부를 못해서, 부끄러워서…… 수많은 상상을 끄집어내면서 자기 탓이라고 결론짓습니다. 스스로를 책망하는 시간이 반복되다 보면 아이는 자기중심적인 세계에 갇혀 부모가 전혀 원하지 않은 모습으로 살아갈 가능성이 커집니다.

착한 아이 콤플렉스에서 벗어나 당당하게 살아가려면 어린 시절 형성된 역할의 가면, 페르소나(Persona)를 직면할 수 있어야 합니다. 우리는 모두 부모로부터 일정한 역할의 가면을 부여받습니다. 그리고 그 역할을 수행할 때 칭찬받고 사랑받았을 것입니다. 어쩌면 계속 칭찬받고 사랑받기 위해 애쓰면서 살았을지도 모릅니다. 하지만 지금부터라도 '착해야 한다.'고 강요하는 페르소나 속에 스스로를 가두지 않고 진짜 자아와 만날 수

---

* Jean Piaget(1896~1980) 스위스 출신의 자연과학자이자 발달심리학자로 아동 학습에 관한 인지발달 이론의 권위자로 알려져 있다.

있는 전환이 필요합니다.

착한 아이 콤플렉스를 가진 사람은 부모의 지나친 요구와 지배에 저항 한 번 제대로 못해본 아이이기 일쑤입니다. 그 아이는 성격이 모나거나 이기적인 행동을 하지 않습니다. 오히려 너무 섬세하고 상냥해 주변 사람을 배려합니다. 그러나 거짓 자아로 상대방이 원하는 역할의 가면 속에서 살아가다 보니 삶의 에너지가 점점 고갈됩니다. 온종일 나와 관계 맺는 것들을 스캔하듯 곱씹어보고, 다른 사람의 시선으로 나를 엄밀하게 평가하고, 타인에게 내가 좋은 사람이었는지 가늠하느라 점점 생기를 잃습니다. 너무 지쳐버린 그 아이는 갑자기 소식을 끊고 잠적하거나 자기만의 동굴 속으로 들어가 탈진해버린 마음을 회복한 뒤에야 바깥으로 나옵니다.

주변을 살펴보면 정말 당당하게 살아도 벅찬데, 자기 자신과의 관계 안에 너무 많은 에너지를 소비하는 사람들을 심심찮게 볼 수 있습니다. 그들은 대부분 착한 사람들이죠. 착한 사람들은 겉으로 잘 지내는 것처럼 보이고, 평가도 좋습니다. 그러나 지나치게 타인을 의식하고 친절한 사람들의 내면은 이미 삶의 에너지가 사막처럼 고갈해가는 중이라는 사실을 외면해서는 안 됩니다.

고등학생 철민이는 중학교에 다닐 때 따돌림을 당한 트라우마가 있는 아이였습니다. 시간이 지났지만 아이는 '왕따'의 상처로 대인관계 기피증이 생기고 우울하고 무기력한 상태에서 벗어나지 못했고, 부모는 결국 아들을 데리고 상담실을 찾아왔습니다. 저는 중학교 시절 따돌림을 당할 때 왜 도움을 요청하지 못했는지 물었습니다.

"엄마가 힘들어할까 봐 말을 못했어요."

저는 철민이의 이 말을 듣고는 무척 마음이 아팠습니다. 아이는 자기가 날마다 겪은 가혹한 고통보다 엄마가 그 사실을 알았을 때 받을 충격과 상처가 더 염려스러웠던 것입니다. 아이는 그 마음으로 이를 악물고 고통을 견뎠고, 어느 정도 버틸 수 있었습니다. 하지만 상처는 참는다고 완전히 해결되지 않습니다. 조그만 상처는 어느 정도 견디면 아물지 모르지만 너무 큰 상처는 결국 버티지 못하고 예상할 수 없는 증상으로 나타날 수밖에 없습니다.

❋ ❋ ❋

오랫동안 독자에게 사랑받은 《미움받을 용기》에 "자신을 미워하고 못마땅하게 여기는 사람이 없다는 것은 불가능하다."는 문장이 있습니다. 모든 사람에게 미움을 받지 않고 좋은 사람으로 여겨지는 것은 불가능한 일이라는 뜻이죠.

부모를 비롯한 타인의 요구와 기대에 지나치게 얽매어 살아 가면 자신의 자유와 행복을 망칠 수 있습니다. 자신의 진정한 자유와 행복을 위한 변화의 여정은 타인에게 있지 않고 오직 자기 자신에게 달려 있습니다.

착한 아이 콤플렉스의 회복은 타인에게만 향했던 시선을 자기에게 돌리면서 시작합니다. 물론 타인에게 공감하고, 쉽게 용서하고 화해하는 모습은 삭막한 우리 사회에 정말 필요한 능력입니다. 하지만 반드시 알아야 합니다.

세상에 꼭 필요한 능력이지만 정작 자기 자신에게 너무 냉정하고 엄격했다고. 지금부터라도 타인을 향한 시선과 마음을 잠시 거두고, 자기 자신을 용서할 수 있는 관대함이 무엇보다 나에게 필요하다고. 나를 사랑하는 것이야말로 가족에게 상처받은 모든 사람이 마음을 치유할 수 있는 첫걸음이라고.

"나는 착한 아이가 아니에요.
마음이 무척 아픈 거예요."

"부부관계가 건강하고, 행복한 가족의 모습은

어떤 이벤트나 말 한 마디로 만들어지지 않습니다.

일상 속에서 주고받는 존중이 조금씩 쌓여 가족의 표정을 드러냅니다.

그 존중은 바로 가족이 현재 나누는 소통의 모습을 통해

구체적으로 드러난다고 할 수 있습니다.

그렇게 부부 사이의 소통은 결국 우리 가족뿐만 아니라

타인과 나누는 소통까지 영향을 미쳐

한 사람이 맺고 있는 모든 관계의 표정을 결정합니다.

지금 당신이 가장 가까운 사람을 비롯해

숱한 타인과 나누는 소통은 어떤 표정입니까?"

Part 2

부부, 나와 가장 닮은 타인

배우자 선택

내일을 선택하는 기억의 그림자

Class
6

프로이트는 사랑에 빠지는 것을 '나르시시즘'이라고 표현합니다.

소개로 처음 만난 남녀가 있습니다. 두 사람은 처음에는 서먹하게 이런저런 이야기를 나누다 한순간 서로의 공통점을 발견합니다. 제가 어디 학교 나왔는데. 어, 저도 그 근처 학교 나왔는데. 저 어디 사는데. 어, 저도 거기 사는데. 저는 어느 식당을 갔는데. 어, 저도 그 식당 갔었는데……. 첫인상이 별로였어도 상대가 자기와 몇 가지 비슷한 것을 공유하고 있다는 사실을 확인하는 순간 호감은 급격하게 상승하기 마련입니다. 프로이트는 남녀가 상대를 좋아하는 것은 그 사람 속에 있는 자신을 좋아하는 것이라고 말합니다.

배우자 선택은 대체로 누군가와 만나 사랑에 빠지는 것에서 시작합니다. '사랑에 빠진다.'라는 말은 독일어로 'Verliebt Sein'이라고 표현합니다. 여기에서 ver는 부정적인 의미를 조금 담고 있습니다. 사랑에 빠지는 것은 무언가 잘못된, 불안한 것임을 내포하고 있지요. 우리말도 비슷합니다. 흔히 '눈이 멀어야' 사랑하는 사람을 만날 수 있다고 말하기도 합니다. 위험에 빠지듯 사랑에 빠진다는 것이죠. 눈이 멀어야, 주변을 살필 수 없을 만큼 사랑하는 감정에 휩싸여야 사랑이 시작된다는 것입니다.

사랑에 눈이 멀면 상대를 대단히 주관적으로 평가할 수밖에 없습니다. 그런데 상대가 멋진 외모이고, 좋은 조건을 갖추었다고 해서 눈이 머는 것은 아닙니다. 당연히 그런 조건이 호감을 줄 수 있겠지만, 그 이전에 설명할 수 없는 느낌에 사로잡혀야 합니다. 그 느낌은 대부분 상대가 내 어린 시절의 결핍을 채워줄 수 있다는 기대와 믿음이 발생할 때 우리에게 찾아옵니다.

아버지의 따뜻한 사랑에 결핍을 가진 한 여성이 있습니다. 이여성은 배우자를 선택할 때 아버지처럼 따뜻한 사랑을 느끼게

하고, 배려하는 모습을 가장 중요하게 여깁니다. 남성이 어떤 성격이고, 경제 능력은 어느 정도이고, 시부모는 어떤 사람인지 전혀 신경 쓰지 않습니다. 오직 지난날 아버지에게 충족하지 못한 결핍을 해결해줄 사람이라는 것에 초점을 맞춥니다. 그러다 결혼한 후 모든 것은 변합니다. '사랑에 빠졌을 때' 보지 못한 현실이 눈에 들어옵니다. 다정한 남편은 무능하고, 시댁 식구는 갈등을 부추기고…… 전혀 예상하지 않은 현실 앞에서 이렇게 되뇝니다. "속았다."

가족심리학 차원에서 살펴보면 이 여성은 '내가 보지 않은' 것입니다. 이 여성은 사랑에 빠진 상대에게 오직 자기가 원하는 사랑만 투사한 것입니다. 투사하면 사실 그대로 상대를 보지 못합니다. 자기 자신의 무의식적인 환상 속에서 자기가 원하는 모습만 보는 것이죠. 이 투사는 바로 어린 시절의 결핍과 사랑의 열망과 연결되어 이 여성의 판단을 '눈멀게' 한 것입니다.

배우자 선택이 실패하는 뿌리

부부를 상담하다 보면 현재 발생한 문제 이면에 근본적인 원인이 따로 있다는 사실을 자주 관찰할 수 있습니다. 바로 배우자 선택의 실패가 불행의 원인인 경우가 절반 정도 차지하는 것이죠. 부부는 처음부터 잘못 만난 것입니다.

제가 상담했던 한 남성이 있습니다. 남성은 이혼 직전 상태에 놓여 있었고, 아내와 소통하는 문제로 힘들어했습니다. 결혼생활에서 여성이 느끼는 불만 중 가장 큰 원인이 남편과의 대화 결핍인데, 이 남성은 소통 능력이 뛰어난 분이었습니다. 상담하는 동안 어떻게 이런 사람이 부부 문제를 겪고 있나 생각할 정도였습니다. 그런데 이야기를 나누면서 이 남성의 부인이 무뚝뚝한 남자처럼 대화한다는 사실을 발견했습니다.

가족상담을 하다 보면 아내가 남편에게 느끼는 가장 큰 불만이 대화의 결핍입니다. 공감하지 못하는 남편을 둔 아내야말로 깊은 고통을 느끼는 경우가 많은데, 이 남성의 부인은 드문 경우에 해당했습니다. 남편이 아내와 대화하다 이런저런 설명을 하면 아내는 "잠깐만. 이야기 요지가 뭐예요? 말이 너무 길어. 핵심이 뭐야. 결론이 뭐야." 다그치기 일쑤였습니다. 남성은 점점 아내와 소통하는 것이 부담스러웠고, 결국 이혼을 결심한 것입니다.

아내를 제외하고 모든 사람과 소통이 자유로운 이 남성이 가진 근본적인 문제는 배우자 선택의 실패일 수 있습니다. 그렇다면 이렇게 질문해볼 수 있습니다. 배우자를 잘못 만났다면 다른 배우자를 만나면 해결할 수 있는 문제인가? 안타깝게도 그럴 가능성은 드뭅니다. 많은 사람이 배우자와 헤어지고 다른 배우자를 선택한다고 하더라도 자기에게 맞는 상대와 만날 가능성은 그렇게 높지 않습니다.

가족심리학에서는 사람마다 배우자를 선택하는 '사랑의 능력'이 다르다고 말합니다. 이 사랑의 능력을 통해 '배우자 선택'의 각본이 작동하는데, 이 능력은 대부분 어린 시절 부모에게 겪은 경험에서 비롯한다는 것입니다. 어쩌면 이 말이 불편하게 다가올 수도 있을 것입니다. 또다시 어린 시절, 과거, 부모 문제냐고 항의할 수도 있지만 무엇보다 배우자 선택이야말로 부모와 깊이 연결되어 있습니다.

배우자 선택은 비슷한 자존감을 가진 사람들끼리 이루어진다

부모가 정말 행복한 결혼생활을 살았고, 그 덕분에 가정 안에서 좋은 경험을 했다면 자녀 또한 결혼에 대해 긍정적일 가능성이 높습니다. 자신도 부모처럼 행복한 삶을 누릴 수 있지 않을까, 믿음이 생기는 것이죠. 반면에 부모가 항상 지긋지긋하게 싸우면서 전혀 화해하지 않고 수십 년 동안 함께하는 모습을 지켜본 자녀는 결혼생활에 대해 희망을 품는다는 게 상당히 어렵습니다. 이성을 사귀고 좋아할 수 있지만 다음 단계인 결혼에 이른다는 것은 또 다른 문제일 수 있습니다.

제가 상담했던 한 여성은 아버지의 경제적인 무능, 폭력과 폭언 속에서 무척 힘겨운 어린 시절을 보냈습니다. 저는 여성과 이야기를 나누는 동안 깜짝 놀랐습니다. 이 여성에게는 언니와 남동생이 있는데, 세 남매 모두 아버지에게 깊은 영향을 받았다는 사실을 관찰할 수 있었습니다.

아들은 지난날 아버지처럼 돈벌이를 하지 않고 가족을 괴롭히다 결국 이혼했습니다. 큰딸은 아버지의 경제적인 무능을 빼닮은 남편과 살고 있고, 둘째 딸인 여성은 남편이 경제적인 능력은 있지만 아버지와 똑같이 폭력과 폭언을 일삼고 있었습니다. 세 남매는 가족을 너무 힘들게 한 고통스러운 존재였는데도, 아버지의 모습을 모방하고, 아버지와 닮은 남성과 결혼하고 만 것이죠.

사티어는 "우리의 배우자 선택은 언제나 비슷한 자존감을 가진 사람들끼리 이루어진다."고 말합니다. 억울하게도 어린 시절 받은 상처 때문에 수많은 아픔을 경험하고, 자존감에 생채기가 났는데 성인이 된 후에도 그 그늘은 끈질기게 따라붙는다는 것입니다. 무엇보다 인생에서 가장 중요한 배우자 선택에서 자기도 모르게 유사한 상처를 지닌 상대를 선택할 가능성이 높다는 것이죠.

어린 시절 겪은 상처는 지난날에 머물지 않고 내가 선택한 가족, 배우자와 함께하는 오늘과 내일로 이어집니다. 이러한 반복성을 깨닫지 못하면 불행한 결혼생활은 되풀이할 수밖에 없습니다.

과거의 집으로 돌아가는 배우자 선택 프로그램

우리 안에는 자기 자신도 모르는 배우자 선택의 프로그램이 있는 것 같습니다. 아무리 상대방이 능력 있고 외모가 빼어나도 무조건 배우자로 선택하지 않습니다. 이른바 연애할 수는 있지만, 평생의 동반자로 선택하는 것은 또 다른 문제입니다.

가족심리학에서는 배우자 선택에 작동하는 메커니즘을 '귀향증후군'이라고 설명합니다. 배우자를 선택할 때 어린 시절 경험했던 가정의 모습을 재현할 수 있는 사람에게 끌린다는 의미입니다.

인간은 익숙하고 친숙한 대상에 편안함을 느끼고, 자신에게 행복감과 평온함을 준다면 더 이끌리겠죠. 하지만 자신에게 고통을 안기고 끝없는 긴장과 아픔을 준 대상이라고 할지라도 익숙해질 수 있습니다. 이 모든 익숙함이 지난날 가정의 경험을 재현하도록 만듭니다.

예를 들어 가정 안에서 늘 외로움을 느낀 사람은 자기도 모르게 자신을 외롭게 하는 사람을 배우자로 선택할 수 있습니다. 반론을 제시할 수 있습니다. 어린 시절 외로웠던 사람이 왜 결혼생활까지 외롭게 만드는 사람을 선택하겠는가. 저는 '선택하지 않았다.'라고 대답하겠습니다.

외로움은 나중에 찾아옵니다. 처음 만나 호감을 가지고 한창 사랑을 나누는 순간에는 상대가 나를 외롭게 만들 것이라는 사실을 전혀 모르죠. 결혼 전에는 상대에게 편안하고 익숙한 느낌을 가진 상태에서 자신의 부정적인 면이나 상처를 숨기고, 상대를 배려하고 이해하려고 노력합니다. 하지만 결혼 후 투사가 거두어졌을 때 비로소 진실과 마주합니다. 특히 자녀를 출산하고 부모가 되었을 때 불행의 반복성은 명확하게 드러납니다. 이를테면 결혼 전 느낀 익숙함과 편안함의 실체가 사실은 일 중독자인 아버지와 몹시 닮았다는 사실을 뒤늦게 깨닫고 새로운 고통과 직면하는 것입니다.

우리는 이러한 배우자 선택을 통해 결과적으로 과거의 집으로 돌아갑니다. 어린 시절 해결하지 못한 정서적 문제를 지닌 배우자를 선택하는 상당수가 자신에게 상처를 준 아버지 혹은 엄마를 닮은 사람과 사랑에 빠지는 것입니다. 상대에게 한순간에 호감이 생기는 모든 감정과 선택은 스스로 깨닫지 못할 만큼 상당히 무의식적입니다.

부모에게 겪은 경험으로 인해 잘못된 배우자를 선택하는 몇 가지 이유가 있습니다.

첫 번째는 부모에게 복수하기 위해 배우자를 선택하는 경우입니다.

자기를 사랑하지 않고, 가족을 너무 힘들게 한 부모인데 놀랍게도 성인이 됐을 때 어린 시절과 비슷한 정서를 형성하는 배우자로 선택하는 것입니다. 어린 시절 부모에게 상처를 받았다면 당연히 그 기억에 대한 분노가 있습니다. 그런데 이 경우에는 지난날 부모에게 받은 상처를 배우자에게 되돌려주려고 합니다. 상처를 준 부모에 대한 분노를 해결하기 위해 아무 상관없는 배우자에게 감정의 찌꺼기를 쏟아내는 것입니다. 어떻게 복수하기 위해 결혼할 수 있는지 되물을 수 있는데, 이 모든 선택은 무의식적인 차원에서 벌어진다는 사실입니다.

두 번째는 부모의 불행한 고통에 대한 공감에서 배우자를 선택하는 경우도 있습니다.

어린 시절 부모는 불행한 결혼생활을 지속했습니다. 서로 사랑하지 않고, 행복하지 않았습니다. 성장하는 동안 이 모습을 계속 지켜본 자녀는 부모에 대한 아픔과 안타까움, 나아가 죄책감을 가집니다. 자녀는 부모의 불행한 결혼이나 이혼을 자기 탓으로 돌립니다. 결국 자녀는 불행한 부모와 비슷한 결혼을 선택합니다. 성격, 가정환경, 종교…… 무엇 하나 맞지 않은 배우자를 선택하고, 수많은 갈등과 다툼이 되풀이되는 결혼생활을 지속합니다. 부모의 힘든 결혼생활을 재현함으로써 자신도 힘든 삶을 살아가는 일종의 세대와 세대를 통한 공감이 이루어지는 것이죠. 이러한 자녀는 일부러 불행한 결혼생활을 하는 것이 아니라, 마음 깊은 곳에 부모보다 행복한 삶을 사는 게 미안한 마음이 도사리고 있을 가능성이 큽니다.

세 번째는 부모와 닮은 사람을 만나서 배우자를 고치거나 구원해주는 경우입니다.

이러한 자녀는 부모는 비록 자신들의 불행한 환경과 조건을 해결하지 못했지만, 자신의 결혼생활을 통해 고통스러운 인생을 살아간 부모 세대의 문제를 해결하려고 합니다. 부모가 가진 미해결의 문제를 자신의 결혼생활을 통해 매듭지으려고 애쓰지만, 문제는 이전 세대 부모의 인생에 현재가 끊임없이 종속된다는 것입니다.

두 개의 화살, 부모가 쏜 상처와 스스로 겨눈 자존감의 생채기

지금까지 살펴본 배우자 선택의 여러 불행한 사례는 일반적이지 않을 수 있습니다. 하지만 불행한 결혼생활을 지속하는 부모와 그 안에서 상처받은 자녀는 여전히 존재하고 있습니다. 그렇다면 내가 행복할 수 있고, 나와 정말 어울리는 배우자를 선택할 방법은 없는 것일까요?

배우자를 선택하는 정확한 기준은 없습니다. 어떤 사람이 좋은 배우자이고, 어떤 사람이 불행을 반복할 가능성이 높은 상대인지 정해진 법칙은 존재하지 않습니다.

배우자를 선택하기 위해서는 먼저 '나'를 알아야 합니다. 내 내면에 어떤 상처가 있는지, 부모에게 어떤 아픔이 있었는지, 그로 인해 배우자 선택의 프로그램이 어떻게 형성됐는지 먼저 직면할 수 있어야 합니다. 한마디로 좋은 배우자를 선택하기 위해서는 자신의 상처와 부모에게 받은 상처와 대면하는 것이 필요합니다.

어린 시절, 불행했던 부모의 결혼생활과 거기에서 비롯한 고통은 자존감에 너무 커다란 상처를 남긴다고 앞서 말씀드렸습니다. 자존감은 내가 사랑받을 가치가 있는 소중한 존재라고 믿는 '믿음'입니다. 부모에게 받은 상처의 가장 큰 후유증은 바로 그 믿음을 훼손시키는 것입니다. 상처는 자존감을 약화시키고 정체성에 혼란과 불안을 야기합니다. 상처는 누군가에게 화살을 맞는 것입니다. 부모의 불행한 결혼생활은 자녀의 의지와 상관없이 '첫 번째 화살'을 맞는 피해자로 만듭니다.

배르벨 바르데츠키*는 두 번째 화살을 조심하라고, 언제나 치명상은 첫 번째 화살이 아니라 두 번째 화살이라고 말합니다. 부모의 불행이라는 상처를 통해 첫 번째 화살을 맞은 자녀는 상처가 아물기도 전에 스스로에게 두 번째 화살을 쏜다는 것입니다. 자기 자신도 모르게 수치심, 죄책감, 분노, 우울, 무기력 등으로 무장한 두 번째 화살을 겨누고, 자기에게 쏜 화살로 인해 자존감에 생채기를 입는다는 것입니다. 자존감이 손상된 자녀는 결국 자신과 비슷한 자존감의 상처를 지닌 배우자를 선택하는 악순환이 이어진다는 것이죠.

배우자 선택의 프로그램을 회복하고 개선하기 위해서 반드시 필요한 것이 있습니다. 자기 자신의 상처를 알고, 바라보고, 그 안에 웅크린 아픔을 수용하고, 스스로를 용서할 수 있어야 합니다. 과거의 기억을, 고통을 기억하지 못하는 사람은 사실 그 상처를 되풀이할 수밖에 없는 운명에 놓입니다. 자기 자신과 화해

---

* Barbel Wardetzki(1952~) 독일을 대표하는 심리학자로 세계 여러 지역에서 '나를 진정으로 사랑하는 법'에 관해 강연하고 있다.

할 수 있는 용기를 가질 때, 아픈 과거를 되풀이하려는 무의식에서 벗어날 수 있습니다.

제가 부모에게 받은 상처에 관해 강연하고 나올 때 만난 한 남성이 있습니다. 제가 강연장을 벗어나자마자 이 남성은 팔을 붙들고 이렇게 묻는 것이었습니다.

"교수님, 그럼 제가 아버지를 용서해야 할까요?"

저는 아주 절박한 심정으로 묻는 그 남성을 보고 어떤 말을 해야 할지 잠깐 망설였습니다. 저는 '내게 상처만 주었던 아버지를 용서한다면 마음이 보다 편해지고 그 상처로부터 자유로워질 것이다. 그러나 용서는 강제가 아니라 자연스럽게 이루어져야 한다.' 그런 생각을 하면서 이렇게 대답했습니다.

"당신은 어쩌면 아버지 나이만큼 이미 살아오셨습니다. 지금부터 아버지를 아버지로만 보지 말고 한 사람으로 바라보는 건 어떨까요. 아버지로만 본다면 사실 용서하기 어렵습니다. 아버지 또한 꿈을 가졌으나 그 꿈을 포기했던 한 사람으로, 좌절과 열등감 속에서 고통받았던 한 사람으로 바라보면 어떨까요. 그렇다면 아버지를 향한 작은 관점의 변화를 일으킬 수 있고, 화해할 수 있는 한 지점이 되지 않을까요."

✳ ✳ ✳

상처를 덮어놓은 채 용서하고 화해할 수는 없습니다. 마음 깊은 곳에 여전히 아픔을 묻어둔 채 용서하고 화해하면 상처는 더 깊어지고 곪을 수 있습니다.

용서와 화해에 앞서 상처를 준 부모 혹은 가해자에 대해 들여다보는 시간이 필요합니다. 그리고 조금 다른 시선으로 바라보는 조그만 용기가 필요합니다. 상대를 나와 관계 맺은 엄마와 아버지가 아닌 한 남자로, 한 여자로, 한 사람으로 바라본다면 진실하게 용서하고 화해할 수 있는 지점을 분명히 찾을 수 있을 것입니다.

그 용서와 화해가 과거를 벗어나 지금 우리가 함께 살아가야 할 가족과 내일에게 건네는 희망찬 손짓이기를 바랍니다.

"우리는 나와 닮은 배우자를 만나
과거의 집으로 돌아간다."

부부 갈등

오늘, 두 사람의 고통이라고 착각하는
어린 시절 상처의 유산

Class
7

부부 사이의 긴장과 갈등에서 발생하는 이혼은 가족이 경험할 수 있는 가장 큰 고통입니다.

이혼 그 자체가 힘든 것은 아닙니다. 그 과정 속에서 벌어지는 수많은 상처, 그 후에 남는 마음의 앙금은 인간이 사는 동안 겪을 수 있는 극단의 고통에 속합니다.

부부 갈등은 겉으로 드러나는 동기보다 숨겨진 부분이 많습니다. 부부관계 안에서 발생하는 구체적인 갈등은 주로 성격 차이, 경제적 무능과 낭비를 비롯해 현재 일상에서 부딪치는 다양한 문제가 요인인 것처럼 보입니다. 하지만 이처럼 겉으로 드러나는 갈등만큼 아내와 남편의 과거와 연결된 숨겨진 동기가 부부 갈등을 부추기는 경우가 많습니다.

부부 갈등의 동기는 얼핏 현재의 문제와 과거의 경험이 다른 요인인 것처럼 보이지만 많은 경우 이 두 가지 요소가 뒤엉켜 복합적으로 발생하기도 합니다. 그래서 부부 갈등은 어제와 오늘이 거미줄처럼 꼬여 쉽게 헤어나기 어려워지고는 합니다.

부부 갈등에 숨은 과거의 그림자

제가 상담했던 한 여성이 있습니다. 이 여성은 상담 중에 남편이 주말이면 소파에 축 늘어져 스마트폰만 들여다보는 모습에 너무 화가 난다고 몇 번이나 이야기했습니다. 수많은 가장이 주말이면 거실에서 빈둥거린다는 사실을 알지만 여성은 남편의 그런 모습을 보는 게 너무 힘들고, 화가 치민다고 고백했습니다.

이 여성은 어린 시절 아버지와 관계가 무척 좋았습니다. 아버지는 딸을 무척 아끼고 사랑했지만 그만 불의의 사고로 일찍 세상을 떠났습니다. 이 여성은 아버지를 여읜 뒤 무척 힘든 시간을 보냅니다. 성인이 된 여성은 누구나 좋아하는 외모여서 많은 남성이 주변을 맴돌았습니다. 하지만 이 여성은 더 좋은 조건을 가진 남성보다 아버지와 비슷한 분위기를 풍기는 현재 남편에게 끌렸고, 결혼까지 이르렀습니다.

저는 이 여성과 이야기를 나누다 직장생활에 지쳐 주말마다 널브러지는 남편에게 격분하는 숨겨진 동기를 발견했습니다. 이 여성의 아버지는 돌아가시기 전까지 주말마다 딸을 데리고 근교에 나가 산책하고 행복한 시간을 보냈습니다. 여성은 당연히 주말이면 남편과 함께하는 시간을 꿈꾸었으나 남편은 일에 시달리는 그저 평범한 가장에 지나지 않았던 것이죠.

이 여성은 남편에 대한 분노가 제 내면에 해소되지 않은 '아버지를 상실한 아픔'이라는 사실을 받아들이면서 부부관계를 다시 한 번 정립하기 위해 노력했습니다.

제가 상담한 또 다른 여성은 경제적으로 무능한 남편이 너무 싫어 고민이었습니다. 남편은 열심히 직장생활을 하지만 늘 돈에 여유가 없었고, 이 여성은 무능한 남편에게 엄청난 비난과 욕설을 퍼부었습니다. 남편은 나름대로 최선을 다했지만 안타깝게도 경제 사정은 노력한다고 해결되지 않았습니다. 그런데도 여성은 남편을 이해하지 못하고 넉넉하지 못한 살림살이에 분노를 쏟아냈습니다.

저는 이 여성을 상담하면서 그녀에게 경제적으로 무능한 사람이 남편 말고 한 명 더 있다는 사실을 관찰했습니다. 바로 친정아버지였습니다. 이 여성의 아버지는 전혀 돈벌이를 하지 않고 엄마를 힘들게 하면서도 굉장히 자기중심적인 사람이었습니다. 가족은 무능한데다 이기적인 아버지로 인해 큰 고통을 받았던 것이죠.

어린 시절 이 이 여성은 무능하고 이기적인 아버지를 향해 "아빠는 돈도 못 벌면서 자기밖에 모르는 이기적인 사람이에요." 외치고 싶었지만 차마 입 밖으로 표현할 수 없었습니다. 그런데 성인이 된 지금 아버지에게 차마 내뱉지 못한 감정과 비난을 남편에게 쏟아붓고 있었던 것입니다. 이 여성은 상담을 통해 남편에 대한 분노 이면에 아버지에 대한 아픈 기억이 더해졌다는 사실을 깨달으면서 남편에게 미안한 마음을 가지게 되었습니다. 그렇게 부부 갈등은 잦아들고 다행스럽게 회복이 찾아왔습니다.

상실을 준비하는 마음

오늘날 부부관계 문제로 고통을 겪는 사람이 정말 많습니다.

사실 우리는 인생을 살면서 여러 인간관계 속에서 갈등을 겪는데, 부부 갈등만큼 고통스럽고 일상생활을 뒤흔드는 갈등은 드뭅니다.

외도 문제로 상담실을 찾아온 한 남성이 있었습니다. 남성은 결혼하자마자 외도한 사실을 들켜 아내와 갈등을 빚고 현재 별거 중인 상태였습니다. 상담을 통해 남성이 어린 시절 부모의 심각한 갈등을 지켜보면서 힘들어했다는 사실을 알게 되었습니다. 부모는 툭하면 이혼 이야기를 꺼냈고, 아들은 자신이 부모에게 귀찮은 짐처럼 여겨졌습니다. 그때마다 엄마, 아빠가 이혼하면 누구를 따라가야 하는지 심각하게 고민해야 했던 것이죠.

이 남성은 언제나 분리 불안과 더불어 소중한 사람을 상실할 수 있다는 두려움에 시달렸습니다. 그러다 보니 상실 이후를 자연스럽게 준비하는 습관이 생겼습니다. 친구를 사귀더라도 언제나 마음속에는 그 친구를 잃어버릴 수 있는 상황을 염두에 두어, 혹시 친한 친구가 떠나는 일이 발생했을 때 대신할 수 있는 친구를 미리 확보했습니다. 이 남성은 성인이 돼 이성을 사귈 경우에도 이러한 습관을 자연스럽게 이어갔습니다. 언제나 한 명의 여성을 사귀지 않고, 꼭 두 명의 여성을 동시에 만났습니다. 여성이 자기를 떠났을 때 최대한 상처를 덜 받기 위해 다른 여성을 동시에 사귄 것이죠.

이러한 관계 패턴을 흔히 '양다리', 삼각관계라고 부릅니다. 만일 상대가 이러한 사실을 안다면 대단히 실망하고, 분노할 수 있는 위험을 안고 있는데도, 남성은 결혼 전에 두 여성을 사귀었고 그중에서 한 명을 최종적으로 선택해 결혼했습니다. 결혼 후에 아내에게만 집중해야 하지만 자연스럽게 아내가 자기를 떠났을 때를 준비하는 오랜 습관으로 다른 여성과 교제를 이어 갔습니다.

남성은 결혼하자마자 사소한 일로 자주 다투었습니다. 그런데 아내와 갈등하는 순간 과거에 상처받았던 감정이 솟아올랐고, 부모의 다툼 속에서 누구를 따라가야 하는지 고민했던 어린 시절의 감정이 그를 사로잡았습니다. 버림받을 수 있다는 두려움과 불안은 그를 휘감았고, 무의식적으로 어린 시절부터 해오던 일종의 스페어타이어 같은 이성을 한 명 더 사귀거나 준비해놓는 일이 벌어진 것입니다.

이 남성에게 불안과 두려움을 발생시킨 근원은 어린 시절 부모였습니다. 과거의 불안감이 자신도 모르게 살짝 건드려지는 순간 결핍에서 비롯한 행동을 반복하면서 아무 관계없는 타인을 불행에 빠트리는 것입니다.

과거의 불행했던 경험을 관계 속에서 반복하게 하는 무의식적인 과정을 '전이감정'이라고 말합니다. 오늘날 많은 부부가 고통스러워하고 힘들어하는 많은 갈등에는 전이감정이 작동하고 있습니다. 부부 갈등은 언제나 현재적인 것만이 아니라 과거에서 온 갈등이 뒤엉켜 해결되지 않는 것입니다. 그래서 프로이트는 "부부가 누워 있는 침대에 두 사람이 있는 것 같지만 사실은 여섯 사람이 함께 있다."라고 이야기합니다. 그 여섯 사람은 당연히 아내와 남편이고, 부부 각자의 엄마와 아버지, 부모이죠.

우리는 태어나자마 한 가족에 속하고, 가족과 더불어 성장합니다. 그리고 가족에게 물려받은, 때로는 해결하지 못한 상처와 갈등을 끌어안고 또 하나의 가족을 만듭니다. 프로이트가 '여섯 사람'이라고 말한 까닭은 결국 '부부는 서로를 있는 그대로 보지 못한다.'는 의미입니다. 아내와 남편은 상대편을 뉴스처럼 객관적으로 보지 않고, 색안경을 끼고 바라본다는 것이죠. 주관적인 경험과 어린 시절 겪은 부모와의 관계가 무의식적으로 덧칠된 시선으로.

내 갈등을 타인에게 떠넘기는 투사

부부 갈등이 발생하면 누가 잘못했는지, 누가 피해자인지 상큼하게 정리하는 게 사실 어렵습니다. 부부가 고통스러워하는 실질적인 갈등 요인은 분명히 존재하지만 가만히 밑바닥을 들여다보면 과거에서 비롯한 주관적인 문제가 도사리고 있는 것입니다. 지극히 주관적인 문제를 어떻게 '팩트 체크'할 수 있겠습니까. 아내와 남편이 상대방을 주관적으로 바라보는 과정은 자기 자신도 모르게 무의식적으로 이루어지기 때문에 실제로 이유를 파악하는 것조차 어렵습니다.

프로이트는 이러한 메커니즘을 '전이와 투사'라고 설명합니다. 상대를 있는 그대로 보지 못하고, 대단히 주관적이고 무의식적인 과거 경험을 통해 바라보다 보니 아무것도 아닌데 분노하고, 반대로 불같이 화낼 일인데도 억압하는 수많은 관계의 딜레마가 발생하는 것입니다.

투사는 부부가 배우자에게 제 내면의 자화상을 고스란히 비춰주는 스크린 역할을 떠맡게 하는 것입니다. 자기 자신도 모르게 배우자를 감정의 화면으로 여긴다는 것이죠. 예를 들어 외도하고 싶어 하는 남편이 있습니다. 그런데 남편이 아내에게 '투사'하면 아내가 오히려 외도하려는 조짐이 있다고 의심하고, 공격하고, 비난한다는 것이죠. 아내 입장에서는 황당할 따름이라 남편의 무의식을 짐작조차 하지 못하고 까닭 없는 갈등을 일으킬 수밖에 없습니다. 이것이 바로 투사입니다. 자기 내면이 있는 감정을 상대편에게 쏘는 것이죠.

우리가 살다 보면 주는 것 없이 싫은 사람이 있기 마련입니다. 상대가 전혀 잘못한 것도 없는데 이상하게 마음이 가지 않습니다. 이유 없이 싫은 사람은 바로 자기 자신의 '투사'로 인한 결과물입니다. '저 사람이 싫어.' 하는 마음 밑바탕에는 사실 '저 사람이 나를 좋아하지 않아.' 하는 무의식이 깔려 있는 것입니다.

남편에게 성적으로 불만을 가진 아내가 있습니다. 아내는 욕망을 충족해주지 않는 남편에게 화가 나지만 동시에 수치심과 죄책감을 가집니다. 그런데 아내는 이러한 감정을 딸에게 투사합니다. 딸의 성적인 부분을 과도하게 통제하고 비난하면서 문란하다고 질책합니다. 엄마는 남편에 대한 불만을 내면에 감춘 채 자기 문제를 딸의 문제로 전가해버린 것입니다.

부부는 언제나 객관적인 내용을 두고 치열하게 다투지 않습니다. 다시 말하지만 부부 갈등에는 무의식적인 내용물이 더 크게 작동합니다. 가족만큼 친숙한 관계는 없고, 친밀감의 관계야말로 무의식적으로 전달되는 전이와 투사가 훨씬 다양한 모습으로 나타납니다. 그래서 현재에서 발생하는 갈등과 과거에서 비롯한 전이와 투사로 인해 얽히고설킨 부부관계를 해결하는 것은 대단히 어려운 작업입니다.

부부 사이에 발생하는 투사를 파악하는 방법

오늘날 우리나라 이혼율은 세계에서 세 번째입니다. 이혼 상당수가 겉으로는 성격 차이가 원인이라고 말하지만 요아힘 마츠는 보다 '무의식적인 원인'을 지적하면서 "부부관계의 핵심은 자신의 욕망을, 자신의 감정을 상대에게 투사하지 않는 것"이라고 강조합니다. 그렇다면 부부 사이에 발생하는 무의식적인 투사를 파악하는 방법은 없는 것일까요?

우선 아내와 남편이 서로에 대한 불만을 탐색하다 보면 부부가 형성하고 있는 투사의 메커니즘을 어느 정도 찾아낼 수 있습니다.

탐색의 가장 좋은 출발은 불만을 '경청'하는 것입니다.

여기에서 말하는 불만은 갈등이 폭발했을 때 드러나는 불만이 아니라 일상 속에서 항상 느끼는 불만을 이야기합니다. 상대방에게 언제나 느끼는 이 불만이야말로 투사의 실체를 파악할 수 있는 최고의 안내자입니다. 부부가 서로에게 오랫동안 품고 있는 불만은 저마다 끊지 못하고 있는 과거와 연결된 끈이자 부부 갈등의 아주 깊은 뿌리입니다.

제가 상담했던 한 여성이 있습니다. 이 여성은 남편이 너무 두렵다고 호소하면서 늘 혼날까 봐, 폭언과 폭력을 당할까 봐 전전긍긍하면서 하루하루 불안에 떨고 있다고 고민을 털어놓았습니다. 저는 여성을 상담하는 도중에 남편을 만났지만 그녀가 말하는 인상은 받지 못했습니다.

저는 여성과 본격적인 상담을 진행하면서 그 원인을 탐색할 수 있었습니다. 결국 여성이 경험한 어린 시절에서 원인을 찾은 것이죠.

여성의 아버지는 폭력적인 가장이었고, 아내와 자녀 모두에게 공포 그 자체였습니다. 성인이 된 딸은 결혼하고 아내와 엄마가 되었습니다. 아내는 남편이 조금이라도 무서운 모습을 보이면 지나친 공포를 느꼈습니다. 아내는 점점 남편의 행동에 예민해졌고, 남편이 너무 무서운 사람이라는 불만을 가지게 된 것입니다. 결국 사소한 분노를 내비치는 남편 이면에 지난날 아버지에 받았던 미해결의 상처가 덧대어 여성의 공포가 반복되고 있는 모습을 관찰할 수 있었던 것입니다. 부부는 상담을 통해 남편은 아내의 투사에 숨겨진 이유를 알게 되었고, 아내는 자신의 과거와 대면하면서 남편에 대한 경계심을 조금씩 해소할 수 있었습니다.

부부가 형성하고 있는 투사를 파악하기 위한 두 번째 방법은 '상대방에게 직접 묻는 것'입니다.

아내는 남편에게, 남편은 아내에게 한번 물어보십시오. "당신에게 최악의 남편은 한마디로 무엇일까?" "남편에게 최악의 아내는 무엇을 의미할까?" 이 질문에 깊이 고민하지 않고 무심결에 내뱉는 대답 속에서 투사의 실체를 파악할 수 있습니다.

저도 강의를 준비하면서 아내에게 "당신에게 최악의 남편은 뭘까?" 질문한 적이 있습니다. 아내는 근원적인 질문에 무심코 "집에 돌아와 집안일도 도와주지 않고 아무것도 안 하는 사람, 바깥에서도 가장 역할을 제대로 못하는 사람이야말로 최악의 남편 아니야?" 대답했습니다. 제 자신을 겨냥한 말이 아닌데도, 저는 아내가 제시한 두 모습 중 하나에 포함되는 게 아닐까 되돌아봤습니다.

제 나름대로 바깥에서는 직업에 충실하지만 집에서는 아내에게 많은 도움을 주지 않았던 게 사실입니다. 아내는 집안일에 소홀한 제 모습에 무의식적으로 불만이 쌓인 것 같았습니다. 더욱이 아내는 어린 시절에 가정에 무관심하고 어머니에게 책임을 전가하는 아버지에게 불만을 가진 기억이 있었습니다. 사소한 계기였지만 저는 아내가 집안일에 소홀한 남편의 모습에서 실제적인 내용보다 더 민감하게 반응할 수 있다는 사실을 깨닫고 부부 갈등을 미리 예방할 수 있었습니다.

지금 자신이 가장 사랑하고 가까운 존재, 부부와 연인이 맺는 관계 속에서 항상 반복되는 불만은 무엇일까, 최악의 상대는 어떤 모습이고 무엇을 의미할까, 근원적으로 탐색하다 보면 그 밑바닥에 도사린 지난날의 상처와 연결된 지점과 만날 수 있습니다. 상대가 가진 어린 시절의 상처를 파악했다면 현재 내가 남편이나 아내에게 품고 있는 불만을 느끼게 하는 사람이 누구인지 생각해보십시오. 현재 배우자에게 느끼는 불만의 근원이 누구인지 그 대상을 살펴보면 드디어 투사의 실체가 드러납니다.

✳ ✳ ✳

부부가 무의식적으로 이루어지는 전이와 투사를 내려놓고 온전히 소통하고 관계를 회복하는 방법은 멀리 있지 않습니다.

파울 바츨라비크*는 "부부 사이에 무의식적으로 작동하고 있는 전이와 투사의 문제를 해결하는 방법은 상대의 입장이 되어보는 것"이라고 말합니다. 바로 역지사지입니다. 바츨라비크는 자신의 입장에서만 생각하고 반응하기보다 한번쯤 상대의 입장에서 생각하고 느껴볼 것을 권유합니다. 자신이 느끼는 고통과 갈등에만 집중하기보다 상대방이 느끼는 상처와 아픔을 헤아린다면 부부 사이에 이해할 수 있는 공통된 지점이 생깁니다.

---

* Paul Watzlawick(1921~2007) 독일의 심리학자로 심리치료에서 구성주의의 주창자이자 소통 분야의 뛰어난 연구가로 가족치료 발전에 공헌했다.

"왜 나만 이렇게 고생하고 살아야 하지." 자기 감정에만 충실하면 억울하고 고통스러운 감정이 배가되고, "나만 힘든 게 아니었구나. 이 사람도 힘들었겠네." 상대편 입장에서 역지사지하면 부부관계가 회복되는 지점을 찾을 수 있습니다.

타인과 타인이 만난 결혼생활에서 어쩌면 갈등은 피할 수 없는 통과의례일지 모릅니다. 부부싸움을 전혀 하지 않는 가족은 드물 것입니다. 그 갈등을 해결할 수 있는 열쇠는 현재가 아니라 과거에 있다는 사실을 여러 사례를 통해 살펴봤습니다.

부부가 품고 있는 현재와 과거의 문제를 분리하는 핵심은 다시 한 번 강조하지만 역지사지입니다. 무엇보다 부부 갈등은 두 사람만의 문제가 아니라는 점을 명심해야 합니다. 가족은 또 다른 가족을 낳습니다.

현재 부부가 갈등하고 있다면 두 사람 곁에 있는 자녀의 입장을 헤아려보기 바랍니다. 자녀도 언젠가 또 다른 가족을 꾸릴 텐데, 지금 부모가 보여주는 갈등은 자녀의 미래에 무의식적으로 모방될 수 있다는 사실을 반드시 알아야 합니다. 부모가 끊임없이 쏟아내는 갈등의 불꽃과 비바람을 피해 침묵으로 일관하거나 바깥으로 겉도는 자녀들의 모습은 어쩌면 부부가 저마다 품고 있는 어린아이의 모습일지 모릅니다. 부부가 어린 시절 해소하지 못하고 드러내는 상처가 고스란히 자녀에게 대물림되고 있는 것입니다. 따라서 늘 서로 갈등하고 상처를 할퀴고 있는 두 사람이 자기 안에 웅크린 어린아이가 바로 지금 자녀의 모습일 수 있다는 사실을 깨닫는다면 도저히 풀 수 없을 것 같은 갈등의 실타래를 푸는 출발점이 될 것입니다.

"부부의 침대에는
아내와 남편,
서로의 부모가 드리운 과거가
함께 누워 있다."

부부 소통
존중하지 않으면 들리지 않는 가장 가까운 벽

Class
8

70대 부부가 상담실을 찾아왔습니다. 부부상담의 이유는 남편의 불륜이었습니다. 아내는 남편이 명백하게 외도하고 있다고 믿었고, 남편은 아내가 오해하는 것이라며 거듭 부인했습니다. 부부는 이 문제로 끊임없이 갈등을 일으켰습니다.

저는 상담을 통해 남편 말이 사실이라는 것을 알았습니다. 저는 여전히 남편을 의심하는 아내에게 "남편이 외도한다는 사실을 어떻게 아셨습니까?" 하고 물었습니다. 그런데 아내의 대답이 조금 의외였습니다. 문자메시지나 영수증 같은 사소한 증거를 이야기할 줄 알았는데, 아내는 김치 이야기부터 꺼냈습니다. 어느 날 김장을 담았는데 김치가 이만큼 없어졌다, 밑반찬을 만들어 냉장고에 넣어놨는데 사라졌다……. 아내는 이런 일이 반복되자 남편이 다른 여자가 생긴 게 분명하고, 몰래 반찬거리를 가져다준 게 틀림없다고 확신한 것입니다.

저는 여전히 남편을 믿지 못하는 아내에게 "만약 남편이 외도하는 여성과 헤어진다면 무엇을 보고 알 수 있겠냐." 하고 질문을 던졌습니다. 저는 당연히 '김치와 밑반찬이 없어지지 않겠죠.' 같은 사소한 대답이 나올 줄 알았는데, 아내는 돌연 "그때는 저를 사람대접해주겠죠." 단호하게 말하는 것이었습니다. 자기 자신을 한 사람으로 존중해주는 것, 그것이 아내 입장에서 남편의 외도가 끝났다는 신호였던 것입니다.

저는 이 상담을 통해 부부 갈등의 근본적인 문제는 '존중의 문제'가 아닐까 생각하게 되었습니다. 가장 가까운 상대인 남편이나 아내에게 존중받지 못한다는 것은 무시당한다는 의미이기도 합니다. 한국인에게 가장 고통스러운 감정 또한 어쩌면 '무시당한다.'는 감정이 아닐까 생각합니다.

상대방에 대한 존중은 소통을 통해서 드러나고, 존중을 전달하는 도구가 소통입니다.

현재 한국의 황혼이혼 비율은 OECD 국가 가운데 일등입니다. 결혼 초기에 헤어지는 숫자는 조금씩 줄고 있지만 황혼이혼은 여전히 증가하는 추세입니다. 저는 황혼이혼을 결심하고 있는 부부를 수없이 상담하면서 공통점을 발견했습니다. 겉으로는 자녀 문제, 성격 차이, 경제적인 갈등으로 드러나지만 20년 넘게 결혼생활을 유지한 부부가 헤어지는 바탕에는 '존중'의 주제가 반복되고 있다는 사실을 파악한 것입니다.

평균 수명이 상승하면서 앞으로 더 많은 날을 살아야 하는데, 특히 황혼에 이른 부부에게 그 시간은 다른 의미로 다가옵니다. 배우자에게 존중받지 못한 지난 세월은 어쩔 수 없지만 앞으로 살아갈 나날도 마찬가지라고 생각하면 숨이 막히는 것입니다. 남편 혹은 아내에게 평생 무시당했다고 생각하는 당사자는 당연히 새로운 인생을 살고 싶은 욕구에 사로잡힙니다.

부부 대화에 작동하는 두 가지 요소

인생의 저녁이 찾아와도 해결되지 않는 부부관계의 수많은 위기는 빙산에 비유할 수 있습니다. 겉으로 드러나는 원인은 빙산의 일각처럼 하나로 보이지만 갈등의 수면 아래에는 성격과 가치관의 차이, 고부 갈등, 자녀 문제……가 한 덩어리로 복잡하게 뒤얽혀 있습니다.

하지만 이 수많은 갈등의 문제는 두 가지로 정리할 수 있습니다. 하나는 관계, 또 하나는 소통의 문제이죠. 바로 이 두 가지가 부부 갈등의 진정한 원인이고, 다양한 가면을 쓰고 복잡하게 뒤엉켜 있는 것입니다.

부부가 대화할 때 작동하는 두 가지 차원의 요소가 있습니다.

하나는 메시지를 전달하는 내용이고, 또 하나는 메시지를 주고받는 그 사람과의 관계입니다. 흔히 의사소통이라고 하면 내용이 중요할 것 같지만 실제로는 주고받는 두 사람 사이의 관계가 더욱 중요합니다. 어떤 메시지 내용을 주고받는지 하는 것보다 바로 이 사람과 내가 어떤 관계인지 하는 것이 더 중요한 역할을 한다는 것입니다. 그래서 소통에는 4개의 귀가 작동한다고 말합니다. 두 귀로는 그 사람의 메시지를 듣습니다. 그리고 나머지 두 귀는 이 사람과 내가 어떤 관계인지 듣는다는 것입니다.

예를 들어 A, B, C라고 하는 세 사람이 있습니다. 그런데 A, B가 서로 신뢰하고 정말 좋은 관계를 형성하고 있습니다. 어느 날 C가 A에게 와서 "사실 B가 당신 욕을 많이 하니 B를 조심하라."고 이간질을 합니다. 하지만 A와 B는 사이가 돈독해 A는 B를 조심하라는 C의 말을 바로 수용하지 않습니다. 'B가 그럴 리 없어.

에이, 잘못 들은 거야.' 라고 그 말을 부인합니다. 그러고 나서 혹시 그 말이 진짜인지 조심스럽게 확인할 수 있겠죠.

이번에는 두 번째 상황입니다. A, B, C가 있는데 A, B는 정말 주는 것 없이 싫은 관계예요. 서로를 못마땅하게 여기고 친하지 않습니다. 마찬가지로 C가 A에게 "B가 다니면서 당신 욕을 많이 하고 다닌다." 하고 전합니다. 이때 이 말을 들은 A는 어떨까요? 평소 사이가 안 좋았기 때문에 A는 진위를 확인하지 않고 발끈합니다. '내가 그럴 줄 알았어.'

사실 두 예는 똑같은 상황입니다. A, B가 사이가 좋았을 때, A, B가 사이가 안 좋았을 때 똑같은 메시지가 외부로부터 왔지만, 그것을 받아들이는 반응은 너무나 다릅니다. 소통 과정에서 중요한 것은 메시지 내용이 아닙니다. 특히 부부 사이의 소통에서는 무엇보다 관계의 차원이 더욱 중요합니다.

인간관계에서 갈등이 발생했을 때 상대편에게 일정한 메시지 내용을 아무리 애써 전달해도 내 말을 절대 들으려고 하지 않는 상황을 누구나 경험했을 것입니다. 처음부터 듣지 않거나 들어도 믿지 않고, 어떤 말로도 설득되지 않은 상황의 진실이 무엇인지 아십니까? 메시지 내용이 잘못 전달돼서가 아닙니다. 대화의 기술 문제도 아니죠. 관계가 깨어졌기 때문입니다. 관계가 깨어지고 신뢰가 무너지면 상대편은 어떤 내용도 들으려고 하지 않습니다. 그러면 어떻게 해야 할까요? 메시지 내용을 잘 전달하려고 애쓰기보다 먼저 관계를 복원시켜야 합니다. 관계가 복원되면 소통이 가능해집니다.

두 사람 사이에 신뢰가 깨져 크게 싸운 부부가 있습니다. 남편이 제아무리 진실을 호소해도 아내는 들으려고 하지 않죠. 여기에서 중요한 것은 자기의 진실성을 호소하는 것이 아니라 깨진 아내와의 신뢰 관계를 복원시키려는 노력입니다. 상대가 자기 말을 들으려 하지 않는 모습에 답답해하거나 조급해서 상대를 다그치는 것은 관계를 더욱 어렵게 만든다는 사실을 알아야 합니다. 계속해서 메시지를 전달하려는 노력보다는 장모님의 생일을 챙겨주거나 아내가 평상시 가지고 싶었던 물건을 선물하는 등 관계를 복원하기 위해 노력하는 것이 필요합니다.

영원히 인내할 수 있는 일방적인 관계는 없다

소통에는 관계의 원리가 작동합니다. 또한 관계에는 일정한 힘의 원리가 작동합니다.

부부 사이에서 상대방에게 존중과 사랑을 받기 위해서는 주도권과 영향력이 필요합니다. 존중은 소통을 통해서 표현되지만, 관계는 두 사람이 소통을 주고받는 과정에서 누가 더 힘의 우위에 있는지에 따라 좌우됩니다.

제이 헤일리*는 "부부관계의 근본적인 문제가 부부가 형성하고 있는 파워 게임, 힘겨루기"라고 말합니다. 부부관계에서 무슨 '파워 게임'이 있느냐고 반문할 수 있지만, 우리가 무시받지 않고 존중받기 위해서는 일정한 힘이 필요하다는 것을 알아야 합니다.

모든 관계 안에는 권력 싸움이 있다고 말한 두 사람이 있습니다. 니체와 아들러입니다. 니체는 "생명이 존재하는 모든 곳에서 권력의 의지가 있음을 나는 깨닫는다."고 말했고, 아들러는 "인간은 보편적인 열등감, 그리고 무력감을 갖고 있기 때문에 이를 보상하기 위해서 권력에 의지가 있다."라고 설명합니다.

우리는 뉴스를 통해 정치권에서 벌어지는 수많은 권력 싸움을 목격합니다. 당연히 정치인들은 권력 싸움을 통해 힘을 가지려고 하는 것이죠. 그런데 놀랍게도 권력을 차지하기 위한 힘겨루기는 정치나 사회 조직뿐만 아니라 부부관계 안에도 존재합니다.

우리는 가족 안에서 존중받고 싶고 사랑받고 싶어 합니다. 아

---

* Jay Haley(1923~2007) 미국의 가족치료사로 단기적인 효과를 목표로 하는 '전략적 가족치료'의 창시자 중 한 사람이다.

무리 가족이라도 나를 무시하고, 함부로 대하면 견딜 수가 없죠. 가족 안에서 존중과 사랑을 얻으려면 일정한 힘이 필요합니다. 다른 말로 표현하면 '가족 안에서의 영향력'이죠. 결국 끊임없이 다투거나 결혼한 지 20년 훌쩍 넘은 시점에 갑작스레 이혼을 선언하는 부부는 둘 사이에 권력, 힘이 제대로 작동하지 못했다는 것을 의미합니다.

저는 수많은 부부를 상담하면서 늘 반복되는 특성을 관찰할 수 있었습니다. 단순한 원리인데, 모든 것에는 대가가 따른다는 사실입니다. 한쪽 배우자가 일방적으로 힘을 사용하고 상대를 억압하면 어느 정도까지 이러한 상태는 유지됩니다. 하지만 일방적인 관계는 끝까지 유지될 수 없습니다.

억압당하는 배우자가 더 이상 버틸 수 없는 임계점에 도달하면 부부관계는 깨어지기 마련입니다. 우리 주변에서 점점 늘어나는 황혼이혼과 가정 위기의 밑바탕에는 사랑받고 존중받기 위해 필요한 힘, 영향력이 제대로 작동하지 않는 경우가 많다는 사실을 알아야 합니다.

부부가 서로의 일정한 영향력과 힘을 존중할 수 있는 것이 부부관계를 위한 사랑의 기술일 수 있습니다. 아내에게 존중받는 남편은 관대합니다. 그리고 존중받는, 사랑받는 아내는 온화합니다. 그러나 아내가 존중하지 않는 남편은 거칠고 공격적이죠.

또한 남편이 무시하고 냉담하게 대하는 아내는 언제나 비판적이고 거칩니다.

반복되는 말이지만 결국 부부는 존중이, 사랑이 없으면 서로 존중하지 않습니다. 부부관계에서 한쪽이 일방적인 관계를 형성하려고 하면 견딜 수 없습니다. 버틸 수가 없죠. 행복한 부부의 특징은 역할에 차이가 있다는 것입니다. 가정 경제를 책임지고 집안일을 도맡는 등 부부 사이에 분명한 역할이 구분된다는 것이죠. 부부에게 역할의 차이는 있지만 이를 통해 일정 부분 힘의 공평한 관계가 유지됩니다.

공평한 관계를 유지하는 힘은 바로 소통입니다. 결국 관계와 소통은 서로 깊이 연결돼 있고, 그 과정에서 문제가 발생하면 부부는 갈등하고 극심한 위기에 내몰립니다. 관계의 문제를 안고 있는 부부가 가진 99.9퍼센트의 공통점이 소통의 문제입니다. 서로 대화가 안 된다는 것이죠.

예를 들어 부부가 오랜만에 오붓한 저녁을 함께 보냅니다. 아내는 베란다에서 "여보 달 좀 봐. 보름달이야." 다정하게 말을 건네는데, 남편은 대뜸 "너 달 처음 보냐?" 이렇게 대답합니다. 처음에는 남편의 무뚝뚝한 말을 넘길 수 있습니다. 그런데 10년, 20년…… 몇십 년 동안 이렇게 말하는 남편을 견딜 수 있는 아내가 있을까요?

온종일 집안일에 시달려 피곤하다고 말하는 아내에게 "뭐가 힘드냐? 직장은 내가 다니지 네가 다니니? 매일 집에 있으면서 뭐가 그렇게 힘들어?" 전혀 공감하지 않고, 자기중심적인 소통만 일삼는 남편을 버틸 수 있는 배우자는 거의 없을 것입니다. 결국 부부관계는 소통의 문제를 어떻게 해결하는가 하는 것이 가장 중요한 차원이 될 수밖에 없습니다.

사실 소통의 문제에는 남녀 차이가 있습니다. 그렇다고 성별에 따른 소통 방식이 달라 근본적인 문제가 발생하는 것은 아닙니다. 행복한 결혼생활을 원한다면 부부 모두 '소통의 방식'을 배워야 합니다.

부부 사이에 반드시 피해야 할 네 가지 소통 방식

존 가트맨*은 부부 사이에 반드시 피해야 하는 네 가지 소통 방식을 이야기합니다. 이 네 가지 소통을 반복하다 보면 이혼을 향한 지름길에 이른다는 것이죠.

첫 번째 피해야 할 소통 방식은 '비난'입니다.

---

* John M. Gottman(1842~) 미국의 가족치료사로 30년 동안 3,000여 가정을 연구·조사하고, 아이들을 10년 동안 관찰해 육아법을 고안한 가정치료 전문가이다.

비난은 남편보다 아내에게 주로 나타나는 경향이 있습니다. "당신은 어떻게 된 사람이 그래요?" "당신은 왜 항상 그런 식이죠." 아내 입장에서 남편에게 불만이 쌓여 무심코 비난하면 남편은 곧장 미안하다고 수긍하지 않습니다. 방어기제가 발동하기 일쑤이죠. 그렇게 두 번째 잘못된 소통 방식인 '방어' 단계로 넘어갑니다.

남편은 아내의 비난에 "당신은 그럼 잘한 게 뭔데?" "당신 잘못이지 내 탓은 아닌 것 같은데." 방어하면서 부부는 대부분의 대화를 비난하고, 방어하는 어긋난 소통으로 채우면서 갈등의 골만 깊어집니다.

부부가 이혼을 향한 지름길에 이르는 세 번째 소통 방식은 바로 '경멸'입니다.

'경멸의 소통'은 부부 사이에 마치 독이 묻어 있는 것과 마찬가지입니다. 경멸은 자신을 상대보다 우월한 위치에 놓고 지적으로, 도덕적으로, 인격적으로 낮다는 무의식을 표현합니다. 경멸의 이면에는 상대의 부정적인 면만 보려고 하는 특성이 있습니다.

경멸은 상대방에게 말로 표현하지 않아도 충분히 전달됩니다. 아내가, 남편이 샐쭉한 입술, 일그러진 볼, 냉담한 눈빛만 보여도 배우자는 충분히 경멸을 느낄 수 있습니다. '너나 잘하세요.'

말 대신 전달되는 경멸의 몸짓과 무심코 내뱉은 무시의 말들은 배우자의 마음만 다치게 하지 않습니다. 실제로 사소한 경멸이라도 오랫동안 반복되면 배우자가 질병에 쉽게 노출된다는 연구 결과가 있습니다. 부부가 경멸의 의사소통을 주고받다 보면 백혈구 숫자가 감소해 면역력이 떨어져 잔병치레를 하거나 건강에 적신호가 온다는 사실이 과학적으로 검증된 것입니다.

부부 사이에 비난과 방어, 경멸의 소통이 이어지다 보면 마지막 단계인 '담쌓기'에 도달합니다. 담쌓기는 상대편을 마치 투명 인간 취급하면서 옆에 있어도 없는 존재로 여기는 상태입니다. 부부는 같은 공간에 있어도 서로 시선을 피하고 딴청 피우기 급급합니다. 그런데 놀랍게도 담쌓기의 소통은 잘 드러나지 않습니다. 부딪치지 않으니까 싸움이 없어, 부부 관계가 문제없다고 착각할 수 있습니다. 하지만 부부 사이에 보이지 않는 담이 생기면 이혼을 향한 마지막 단계에 와 있다는 것이죠.

제가 상담했던 한 여성은 항상 바쁜 남편에 대한 고민으로 상담실을 찾아왔습니다. 남편이 밤 11시에 퇴근해 아침 7시면 출근한다는 것이었죠. 아내는 남편이 항상 회사 일이 바쁘다고 핑계를 대지만 사실은 자신이 불편해 집에 있기 싫어 회사만 맴돈다고 꿰뚫어보고 있었습니다.

부부 사이에 담이 쌓여 다툼조차 일어나지 않으면 이어지는 법칙이 있습니다. 예를 들어 남편이 항상 집에 늦게 들어오면 아내와 자녀는 가장이 퇴근하기 전까지 저녁을 먹고 TV를 보면서 즐거운 시간을 보냅니다. 하지만 늦은 밤에 아버지가 들어오면 약속이나 한 듯이 각자 방으로 들어갑니다. 조금 전까지 아이들과 웃고 떠들던 아내 얼굴은 무표정해집니다. 아내는 남편이 아직 저녁을 먹지 못했다는 말에 기계적으로 식탁을 차립니다. 남편은 혼자 따뜻한 밥이 아니라 '사료'를 먹듯 늦은 저녁을 해결합니다. 이런 부부는 겉으로는 전혀 갈등하지 않습니다. 하지만 가장 심각한 소통 방식이 가족 전체에 감염병처럼 전개되고 있는 것이죠.

일그러진 소통의 방식을 치유하는 에너지

오랜 시간을 함께하는 부부라면 사소한 계기로 비난하고 방어하며 때로 경멸을 내비치다 싸늘한 침묵의 시간을 보내기도 합니다. 이것이 켜켜이 쌓여 가정이 해체되는 위기가 발생하기 전에 치유할 수 있는 에너지가 있습니다. 바로 호감과 존중입니다. 아내는 남편에게, 남편은 아내에게 긍정적인 대화를 건네고, 북돋우는 소통이야말로 상처 입은 마음에 새살이 돋게 합니다.

호감과 존중은 거창하고 근사한 것이 아닙니다. "오늘 저녁 정말 맛있는데." "당신 옷 무척 잘 어울린다." 같은 일상 속에서 잔잔한 칭찬 한마디가 바로 호감의 소통입니다. 배우자가 "요즘 너무 지치고 힘들어." 속상해하면 "여보, 그래 많이 힘들지." 공감하는 그 한마디가 존중의 소통인 것입니다.

상대에게 공감하거나 존중하는 말 한마디 건네 적 없는데, 정작 본인이 힘과 위로를 받고 싶을 때 따뜻한 말을 건넬 배우자는 없습니다. 사소한 일상부터 호감과 존중의 대화를 시작하는 것이야말로 부부관계를 위한 소통을 회복하는 전환점이라고 할 수 있습니다.

부부 사이의 소통을 회복하는 전제는 '담아주기'입니다. 담아주기는 부부뿐만 아니라 가족 모두에게 필요한 소통의 씨앗입니다. 실제로 자녀를 보면 부부가 어떻게 소통하는지 짐작할 수 있는 경우가 많습니다.

학교에서 문제가 생겼을 때 부모에게 고민을 털어놓는 자녀의 특징이 있습니다. 평상시에 엄마, 아빠에게 지지와 사랑을 받은 아이라는 점이죠. 누군가에게 지지받는다는 느낌은 사랑이나 칭찬뿐만 아니라 힘겨운 짜증과 칭얼거림까지 담아줄 수 있는 정서적인 그릇을 가질 때 발생합니다.

부부도 마찬가지입니다. 가장 가까운 타인인 아내와 남편이 항상 공감하고 존중하기는 어렵습니다. 대화하다 보면 사소한 갈등으로 비난하거나 방어할 수 있습니다. 따라서 호감과 존중으로 소통하기 위해 노력하는 만큼 대화가 불편해졌을 때 배우자를 가슴으로 담아줄 수 있는 능력이 필요합니다.

예를 들어 집에 손님이 찾아와 겨를 없는 아내에게 남편이 무심코 "여보, 컵 어디 있지." 묻습니다. 너무 바쁜 아내는 한순간 남편 말을 듣고 짜증이 나서 "당신은 눈이 없어? 식탁에 있잖아." 쏘아붙입니다. 그러면 남편은 아내 입장을 조금은 이해하면서도 상처받을 수밖에 없죠.

많은 부부는 이 상황에서 갈등을 지속하거나 침묵으로 일관하기 마련입니다. 하지만 '담아주기'는 사소한 일로 짜증을 낸 아내에게 싫은 내색을 보이거나 꾸중하기보다 지금 아내가 손님맞이로 예민해졌다고 그 감정을 묵묵히 받아주고 이해하는 것입니다.

부부가 살아가면서 생기는 감정적인 응어리와 부정적인 생각을 배우자가 어느 정도 담아줄 수 있을 때 부부관계는 훨씬 여유롭고 관대해질 수 있습니다. 사소해 보일지라도 가끔은 일상 속에서 서로서로 응석을 받아주는 과정을 통해서 우리는 더 깊은 소통의 단계로 들어갈 수 있습니다.

❊ ❊ ❊

가족심리학에서는 두 사람이 결혼하면 사랑의 통장을 가진다고 이야기합니다. 사랑의 통장에 잔고가 가장 많이 쌓이는 시점이 바로 부부가 호감과 존중의 대화를 주고받을 때입니다.

예를 들어 남편이 한 달 동안 열심히 일한 월급이 아내 통장에 들어왔습니다. 아내는 그동안 애쓴 남편이 안쓰러워 이튿날 평소보다 일찍 일어나 아침식사를 준비합니다. 남편이 좋아하는 반찬을 몇 가지 더 만들어 식탁은 여느 아침보다 풍성합니다. 남편은 젓가락질을 하면서 아내에게 "일찍 일어났겠네. 오늘 반찬 정말 맛있다." 다정한 목소리로 칭찬합니다. 이렇게 아내가 존중을 건네고, 남편이 고마움으로 화답하면서 부부가 가진 사랑의 통장에는 서로서로 건넨 호감과 존중으로 엄청난 잔고가 쌓여갑니다.

하지만 똑같은 상황에서 남편은 아내가 마련한 정성을 모른 체합니다. 아내는 묵묵히 숟가락질만 하는 남편에게 "여보, 오늘 반찬 괜찮아?" 넌지시 묻습니다. 남편은 퉁명스러운 태도로 "괜찮긴 뭐가 괜찮아. 바빠 죽겠는데. 그냥 죽지 못해 먹는 거지 뭐." 싸늘하게 대답합니다. 한 달 동안 애쓴 남편을 위해 정성을 다한 아내 입장에서는 더 이상 존중하고 배려하고 싶은 마음이 사라지는 게 당연하겠죠.

부부관계가 건강하고, 행복한 가족의 모습은 어떤 이벤트나 말 한 마디로 만들어지지 않습니다. 일상 속에서 주고받는 존중이 조금씩 쌓여 가족의 표정을 드러냅니다. 그 존중은 바로 가족이 현재 나누는 소통의 모습을 통해 구체적으로 드러난다고 할 수 있습니다. 그렇게 부부 사이의 소통은 결국 우리 가족뿐만 아니라 타인과 나누는 소통까지 영향을 미쳐 한 사람이 맺고 있는 모든 관계의 표정을 결정합니다.

지금 당신이 가장 가까운 사람을 비롯해 숱한 타인과 나누는 소통은 어떤 표정입니까?

"내가 존중하지 않았는데,
내가 힘들 때 따뜻한 말 한마디
건네줄 사람은 없다."

"우리 사회는 수십 년 만에 엄청난 변화를 겪었습니다.
세대와 세대 사이에 공통점을 찾아볼 수 없을 만큼
세대마다 자라온 시대의 풍경이 엄청나게 달라졌습니다.
따라서 가족의 영역 안에서 발생하는
부모와 자녀 사이의 세대 갈등을 비롯해
젊은 세대가 품고 있는 갈등의 시원을 파악하다 보면
가족의 근원적인 치유가 비로소 시작될지 모릅니다."

Part 3

세대 갈등과 독립,
어제라는 미래와 오늘이라는 과거

가족 세대 갈등

가족 안에서 시작되는 젊은 세대의 상처

Class
9

부모의 삶을 대물림하는 자녀, 자기의 유년과 가장 닮은 타인과 타인이 만난 부부 등 가족 관계의 다양한 풍경을 지금까지 살펴봤습니다. 하지만 가족과 가족이 맺는 관계는 한 사람의 세계 안에서 다양하게 뻗어나갑니다.

가족관계의 갈등을 살펴볼 때 빼놓을 수 없는 것이 고부(姑婦)와 장서(丈壻) 갈등입니다.

시어머니와 며느리, 장모와 사위 사이의 갈등 중 특히 고부 갈등은 인류 역사와 함께했다고 해도 지나치지 않을 만큼 어제오늘 문제가 아닙니다. 장서 갈등은 비교적 최근에 빈번하게 발생한 문제인데, 두 갈등은 사회 조직 문제와 비교해볼 수 있습니다.

어떤 조직이든 기존에 있는 사람과 신입 사이에는 긴장 관계가 발생합니다. 신입은 조직 문화에 익숙한 선임과는 다른 성격과 취향을 가진 사람일 수 있습니다. 따라서 그 문화에 익숙한 세대와 새로운 세대 사이에는 긴장과 갈등이 존재할 가능성이 큽니다. 게다가 우리 사회는 수십 년 만에 엄청난 변화를 겪었습니다. 세대와 세대 사이에 공통점을 찾아볼 수 없을 만큼 세대마다 자라온 시대의 풍경이 엄청나게 달라졌습니다. 따라서 고부와 장서 갈등은 가족의 영역일 뿐만 아니라 세대 차원의 문제로 확장해서 파악할 수 있을지 모릅니다.

가족 세대 갈등 원인 1_
노년기에 들어선 부모 세대의 발달 문제

시어머니와 며느리, 사위와 장모로 표상되는 '가족 세대 갈등'의 근본적인 원인은 네 가지 차원에서 살펴볼 수 있습니다.

첫 번째는 노년기에 들어선 부모 세대의 발달 문제입니다.

부모 세대는 대부분 부모에서 조부모가 되는 발달 단계에 놓여 있습니다. 노년기까지는 아니더라도 중년에서 노년으로 접어드는 부부도 많습니다. 에릭 에릭슨*은 인간의 생애 주기를 여덟 단계로 나누는데, 그 마지막이 노년기입니다. 에릭슨은 노년기와 관련해 "이 시기에는 우리 모두에게 주어진 발달 과업이 있다."는 중요한 말을 합니다. 그 발달 과업은 바로 자아통합을 이루는 것입니다.

에릭슨에 따르면 자아통합을 이룬 노년기의 부모는 성숙하고 지혜로우며 주변 사람에게 존경받는 사람으로 인생을 마감합니다. 반면에 자아통합을 이루지 못한 부모는 절망과 혐오의 단계로 넘어가 끝없이 주변 사람과 갈등하고, 의심하고 결국 분노하고 원망하면서 살아간다고 말합니다.

노년기에 들어선 부모는 자아통합 아니면 절망, 혐오의 상태 중 하나를 선택하게 됩니다. 이 자아통합의 단계는 한마디로 지난날 내 모습을 수용하고 받아들인 결과라고 설명할 수 있습니다. 누구나 지나온 과거를 살펴보면 해소되지 않은 후회와 아쉬움, 절망, 결핍, 마음의 응어리가 남아 있습니다. 진정한 자아통

---

* Erik Homburger Erikson(1902~1994) 독일 출신의 미국 정신분석학자이자 발달학자로 정체성 개념에 의한 정신분석학적 자아심리학을 비약적으로 발전시켰다.

합의 자세는 지나간 세월에 담긴 찌꺼기를 계속 붙잡은 채 누군가를 탓하고, 스스로를 비관하는 것이 아니라 마치 흘러가는 강물에 떠나보내듯 지난날을 털어낼 수 있는 모습을 말합니다. 다시 말해 자아통합을 이룬다는 것은 지나온 과거를 돌아보면서 부족했던 것들을 부둥켜안고 있기보다 수용과 통합의 자세로 나아가는 것을 의미합니다.

자아통합을 이룬 부모에게는 지혜로움이라는 인생의 선물이 주어집니다. 그리고 지혜로운 부모에게는 무엇보다 관대함이 삶 곳곳에 녹아 있습니다. 노년기의 지혜는 아무리 많은 경험을 한다고 해서 얻어지는 것이 아닙니다. 젊은 시절에 아무리 공부를 잘하고 성공한 노인이라고 해도 지혜를 느낄 수 없는 경우도 많습니다.

노인이 지혜롭다고 느낄 때는 그 사람의 경험뿐만 아니라 주변의 삶을 유연하게 바라보는 눈을 가진 경우에 더욱 와닿는 경우가 많습니다. 주변을 지혜롭게 바라보는 노인을 배우자의 부모로 두고 있다면 당연히 자녀 세대와 갈등이 적습니다. 오히려 갈등보다 마음속에서 저절로 존경하는 마음이 우러납니다.

부모가 가진 관대한 자세는 저마다 다른 세대의 관계 안에서 발생할 수 있는 여러 갈등을 최소화합니다. 그래서 자아통합을 이룬 부모 세대는 지혜롭고 관대해서 자녀와 손자들에게 존경받고 영향력 있는 사람이 됩니다. 당연히 새로 들어온 어느 가족과도 좋은 관계를 유지하는 경우가 대부분입니다.

반면에 자아통합을 이루지 못하고 자기혐오와 절망에 빠진 부모는 지난날의 자기를 받아들이지 못하고 깊은 후회와 결핍에 사로잡혀 지냅니다. 제아무리 젊은 시절에 대단한 업적을 남겼어도 그들은 지난날에 갇혀 얼마 남지 않은 인생마저 불행하게 만듭니다.

자아통합에 실패한 부모는 잠깐 대화를 나누다 보면 알 수 있습니다. 이런 부모의 입에서는 끊임없이 절망과 분노, 피해의식, 불만의 말들이 쏟아 나옵니다. 자기 자신이 움켜쥔 문제에 대해 불평하지 않아도 사회, 정치, 종교 등 다양한 사회 문제와 모순에 관해 비판하고 부정적인 말을 쏟아냅니다. 이러한 불평의 이면에는 바로 자기 자신에 대한 절망과 혐오가 똬리를 틀고 있습니다.

당연히 이러한 부모는 지혜와 관대함이 없습니다. 그들은 흔한 말로 '꼰대'가 될 가능성이 높아 젊은 세대, 특히 자녀와 새로 가족이 된 사위와 며느리 관계 안에서 끊임없이 긴장과 갈등을 지속할 가능성이 높습니다. 언제나 화가 나 있고, 불만이 가득한 부모를 시부모나 장인, 장모로 모신다는 것은 쉽지 않습니다.

자아통합을 이루지 못한 부모 세대는 안타깝게도 자녀와 손자들에게 거부당할 가능성이 큽니다. 긴장과 갈등을 야기하는 부모 세대와 가족은 관계가 소원해지고, 결국 연락조차 하지 않는 지경에 이를 수 있는 것입니다. 이렇듯 고부와 장서 갈등처럼 가족 안에서 발생하는 부모와 자녀 관계의 문제는 노년기의 부모 세대가 어떻게 자기 자신의 발달 과업을 다루었는가 하는 문제와 깊이 연결되어 있습니다.

가족 세대 갈등 원인 2_ 부모 세대의 부부관계

가족 안에서 발생하는 세대 갈등의 두 번째 원인은 부모 세대의 부부관계입니다.

OECD 국가 중에서 황혼이혼이 가장 높은 현실처럼 주위를 둘러보면 노년기에 이르렀어도 갈등을 회복하지 못하는 부부가 많습니다. 자녀가 가정을 이루는 시기에 부모가 이혼할 경우 거기에서 발생하는 많은 문제와 갈등은 자녀 세대에게 직접적인 영향을 끼칩니다.

노년기는 흔히 빈 둥지의 시기라고 말합니다. 따뜻한 봄날 암수가 만나 사랑을 나누고, 뜨거운 여름 알을 낳고 새끼를 키웁니다. 가을이 다가오면 새끼 새는 부모와 몸집이 비슷해지고 둥지를 떠날 채비를 합니다. 쉽게 말해 자녀가 결혼할 시기가 다가오면 부모에게도 빈 둥지의 시기가 찾아오는 것입니다. 인생의 가을, 부모는 나이가 들고 지쳐 가는데, 자녀는 자신들을 온전히 떠날 준비를 합니다.

부모는 그동안 아이들을 키우고 가정을 꾸리느라 부부관계를 돌아볼 여유조차 없었습니다. 아내와 남편 사이에는 항상 자녀가 있어 부부 사이에 도사린 문제는 저만치 가려져 있었습니다. 하지만 자녀가 떠나버린 집안에는 두 부부만 덩그러니 남겨져 있습니다. 자녀라는 방패가 사라지자 부부에게 그동안 잊고 지낸 갈등이 슬금슬금 다가옵니다. 부부는 어떤 방식으로든 자신들이 외면해왔던 문제와 직면할 수밖에 없습니다. 이 지점에서 많은 부부가 생애 처음 둘만 함께하는 시간의 갈등을 극복하지 못하고 별거나 이혼 같은 극단적인 상황에 내몰립니다.

그런데 자녀가 결혼한 뒤 오히려 관계가 좋아지는 부부가 있습니다. 부부관계가 좋은 부모는 자녀의 결혼을 '은퇴'로 여기고, 부부 중심의 새로운 인생을 2막으로 받아들이면서 서로에게 집중합니다. 은퇴를 뜻하는 영어가 '리타이어드(retired)'인데, 이러한 부모는 우스갯소리로 '다시 타이어를 갈고 달린다.'고 할 만큼 자신들의 독립된 삶을 재충전의 기회로 삼습니다.

경제 활동에 대한 짐을 내려놓고, 자녀에 대한 책임감도 사라졌기 때문에 온전히 부부관계에 집중할 수 있다고 믿는 것입니다.

부부관계가 좋은 부모는 자녀의 독립과 분리를 지지하고 격려합니다. 그리고 안정적으로 부모 세대와 분리하도록 돕습니다. 이럴 경우 자녀 세대 또한 미안함이나 죄책감 없이 안정적으로 부모와 분리돼 건강한 결혼생활을 유지하고, 누구보다 화목한 고부, 장서 관계를 연출할 가능성이 높아집니다.

반면에 부부관계가 안 좋은 부모와 자녀 세대는 고부, 장서 문제가 발생할 여지가 큽니다. 무엇보다 부모가 자녀의 독립을 원하지 않습니다. 불편한 부부 사이에 자녀가 있어야 갈등이 희석되고 편안함을 느끼기 때문입니다. 부부 갈등이 심한 부모는 어떤 방식으로든 자녀 세대의 독립과 분리를 방해하면서 부부관계 안으로 끌어들이려고 합니다. 자녀가 결혼해도 여전히 삼각관계의 동맹이나 중재자로 활용하려는 경향을 보입니다. 그러나 자녀는 자기의 새로운 가족관계에 집중하고 싶어 하며 부모에게 거리를 두려고 합니다. 그러면 부모는 자녀를 공격합니다. "내가 널 어떻게 키웠는데. 벌써부터 부모는 내팽개치고 자기만 아느냐." 자녀가 이기적이라고 비난하면서 죄책감을 유발시켜 부모 곁을 떠나지 못하게 만듭니다. 이럴 경우 새로 들어온 가족 구성원은 몹시 힘든 갈등 상태에 놓입니다.

제가 상담했던 한 여성이 이와 유사한 상황에 놓여 있었습니다. 부부 사이가 안 좋은 시부모가 저마다 아들에게 전화를 걸어 어려움을 호소하는 일이 반복된 것입니다. 결혼 이전에는 전혀 몰랐던 사실인데, 아내는 남편이 시부모와 통화하는 모습을 옆에서 지켜볼 수밖에 없었습니다. 그러다 남편이 직장 일이 바빠 전화를 잘 받지 않자 시어머니와 시아버지는 번갈아 며느리에게 전화를 걸기 시작했습니다. 날마다 각자 한 시간 넘게 며느리에게 전화해서 시어머니는 시아버지 욕을 하고, 시아버지는 시어머니 험담을 늘어놓았습니다. 졸지에 남편 역할을 떠맡아 하루에 두 시간 넘는 시간 동안 시부모가 서로에게 늘어놓는 비난을 듣는 일이 반복되면서 여성은 감당할 수 없을 만큼 고통스러웠습니다.

제가 상담했던 또 다른 여성은 부모가 몹시 애지중지 정성을 다해 키운 외동딸이었습니다. 그래서 이 여성이 결혼하게 되자 부모는 딸을 독립시켜야 한다는 사실을 몹시 힘들어했습니다. 아내를 사랑한 남편은 장인, 장모가 하나뿐인 딸을 보내는 아픔에 힘들어하는 줄 알고 두 사람을 모시고 함께 살자고 제안했습니다.

하지만 남편은 결혼 이후에 장인, 장모가 아내의 부재를 두려워하는 진짜 이유를 알게 되었습니다. 아내 부모는 부부관계가 항상 나빴고, 유일한 자식이었던 아내는 어린 시절부터 중재자 역할을 떠맡았던 것입니다. 장인, 장모는 여전히 갈등이 잦았고, 아내는 그때마다 예전처럼 중재자 역할을 반복하면서 항상 힘들고 긴장 상태에 놓였습니다. 남편은 늘 지쳐 있는 아내가 안쓰러워 "우리 이럴 바에 나가서 사는 게 낫지 않아." 생각을 전했습니다. 그런데 그 말을 전해 들은 장인, 장모가 격분해서 사위에게 당장 우리 집에서 나가라고 말하는 바람에 남편이 정말 집을 떠나버렸다는 게 이 여성의 고민이었습니다. 안타깝게도 이 여성의 부모는 딸이 부부 갈등의 중재자 역할을 그만두고 독립해서 떠날 바에 차라리 이혼을 시키는 편이 더 낫다고 판단했던 것입니다.

극단적인 예로 보일 수 있지만 부부관계는 전혀 문제가 없는데, 오히려 부모 세대의 관계 문제가 끝없는 긴장과 갈등을 유발하는 경우를 심심찮게 볼 수 있습니다. 자녀 세대도 결혼생활을 시작한 지 얼마 되지 않아 해결해야 할 미숙하고 버거운 자기 문제가 산적해 있습니다. 그런데 부모의 결혼 문제까지 끌어안고 고통받아야 한다면 자녀의 결혼생활이 순탄하게 흐를 가능성은 낮아질 수밖에 없습니다.

제가 상담했던 한 여성은 명절이나 시부모 생일이 돌아오면 머리가 아플 만큼 힘들다고 고민을 털어놓았습니다. 시부모가 이혼했기 때문에 두 사람 집에 번갈아 찾아가 잔칫상을 두 번 차려야 하기 때문입니다.

부모 세대가 반드시 기억해야 할 것이 있습니다. 노년기에 이른 부모 세대의 부부 문제는 오직 두 사람 몫이지 자녀 세대가 짊어져야 하는 짐이 아니라는 사실입니다. 자녀 세대 또한 부모의 문제는 부부 스스로 해결해야 할 문제이지, 자녀가 어떤 노력을 한다고 해서 해결되지 않는다는 사실을 직시해야 합니다.

아들과 아내, 딸과 사위 등 젊은 세대의 부부가 아무리 노력해도 부모 세대의 부부관계를 해결할 수 없습니다. 아무리 친밀한 관계일지라도 자녀가 할 수 있는 것은 제한돼 있습니다. 부모 세대는 자녀의 독립과 분리를 건강하게 받아들이고, 어떤 문제가 발생하더라도 자녀 세대에게 떠넘기지 않아야 자신들이 껴안은 부부 갈등이 세대를 뛰어넘어 자녀에게 대물림되지 않을 수 있다는 사실을 반드시 명심해야 합니다.

가족 세대 갈등 원인 3_자녀 세대의 독립과 분리

고부와 장서 갈등으로 대표되는 가족 안에서 발생하는 세대 갈등의 세 번째 원인은 자녀 세대의 독립과 분리의 문제입니다.

부모와 자녀가 함께하는 시간을 앞서 둥지로 표현했는데, 가족의 가을이 깊어지면 어미 새만큼 성장한 새끼 새는 둥지를 떠나야 합니다. 새끼 새에게 둥지를 떠나는 과정은 인생 최고의 모험일 수 있습니다.

인간도 마찬가지입니다. 자녀는 부모 그늘에서 성장과 독립이라는 중요한 과제를 끌어안고 살아갑니다. 그리고 성인이 돼 결혼을 해야 하는 시기의 출발점에 서면 반드시 해결해야 할 과제와 맞닥뜨립니다. 부모와 얼마나 독립했고, 분리를 이루었는가 하는 문제입니다.

제가 상담했던 부부가 있습니다. 저는 두 사람을 상담하는 내내 안타까운 마음을 가눌 수 없었습니다. 남편은 어린 시절부터 성인이 될 때까지 '엄마'에게 일종의 남자친구 역할을 하며 자란 경우였습니다. 결혼생활이 행복하지 않았던 어머니는 아들을 남편처럼 의지하고 살았던 것이죠. 그 아들은 행복한 가정을 이뤘고, 부부는 누가 봐도 금슬이 좋았습니다.

그런데 어느 날 시어머니가 아들 부부에게 찾아와 느닷없는 제안을 했습니다. 부부에게 이혼하라는 놀라운 말이었죠. 부부가 이혼해야 할 이유는 전혀 없었습니다. 아내는 시어머니의 받아들일 수 없는 제안에 너무 어이가 없었고, '엄마' 요구에 대해 어떤 의견도 내비치지 않는 남편의 침묵에 더욱 충격에 빠졌습니다. 더 놀라운 사실은 시어머니가 이렇게 행동한 이유였습니다. 시어머니는 행복한 결혼생활을 하는 아들이 그동안 자신에게 해온 정서적인 역할, 남편을 대신해 남자친구처럼 다정하게 채워주었던 사랑을 이제 아내에게만 쏟고, 차단당한 것에 대한 분노가 있었던 것입니다.

아들에게 집착하는 것도 모자라 결혼생활까지 간섭하는 시어머니가 드물기는 하지만, 이 경우에는 부모 세대의 문제를 넘어 자녀 세대의 문제까지 살펴봐야 합니다. 어머니의 부당한 요구에 침묵으로 일관한 아들 역시 여전히 '엄마'로부터 정서적인 독립과 분리를 이루지 못했을 가능성이 커 보입니다.

한국 사회에서 여전히 해소되지 않고 있는 고부, 장서 갈등에는 중요한 과업이 있습니다. 결혼과 동시에 부모로부터 얼마나 정서적으로 '홀로서기' 할 수 있는가 하는 것입니다. 부모 세대와 잘 지내기 위해서 필요한 것은 '의지'가 아니라 '독립'입니다. 부모 세대와 갈등하지 않고 화목하게 지내는 겉모습보다 우선적으로 필요한 것이 정서적인 독립과 분리의 완성인 것이죠. 이것이 완성될 때 자녀 세대는 부모로부터 떠나 새로운 가족에게 온전히 집중할 수 있습니다.

자녀의 독립과 분리를 두려워하는 부모는 성인이 된 자녀가 자신의 삶을 스스로 꾸리려고 하는 몸부림을 반항과 거부로 받아들일 가능성이 높습니다. 부모는 자녀에게 불안을 느껴 억누르려고 하고, 부모 세대와 자녀 세대 사이에는 자연스레 엄청난 긴장과 갈등이 자리 잡습니다. 그러면 대부분 자녀 입장에서 죄책감을 느끼고 독립과 분리의 시도를 멈추는 경우가 많습니다. 문제는 여기에서 그치지 않는다는 것이죠. 결혼한 후에도 부모에 대한 과다한 의무와 책임감에 사로잡힌 자녀는 결혼생활마저 혼란스러워지고, 가정에 집중하지 못하고 수많은 스트레스에 노출될 가능성이 높습니다.

부모는 자녀의 성공을 원합니다. 자녀가 실패하기를 바라는 부모는 없습니다. 자녀가 멋지게 독립해 자기 인생을 개척하는 모습을 지켜보는 부모는 행복할 수밖에 없습니다. 그런데도 자녀가 부모 삶에서 완전히 벗어날까 봐 조금이라도 두려워한다면 한 번쯤 자신의 삶을 돌아보기 바랍니다.

"나는 젊은 시절에 자녀가 겪고 있는 독립과 분리라는 인생의 숙제를 어떻게 해결했나."

이러한 성찰을 통해 자녀의 독립과 분리를 불안하게 바라보는 마음이 바로 부모 자신의 문제임을 직시하고, 자녀의 입장을 공감하고 이해해주기 바랍니다.

에리히 프롬은 "독립적인 삶을 살기 위해서는 용기와 믿음이 필요하다."고 이야기합니다. 자기 자신을 향한 용기와 믿음은 과거의 의존적인 관계를 한 걸음, 한 걸음 벗어나게 합니다. 새 끼 새가 둥지를 벗어나기 위해서는 어미 새의 헌신적인 도움도 필요하지만 결정적인 날갯짓은 바로 본인의 몫이죠.

이제 새로운 가정을 맞이하고, 미래의 가족 구성원을 기다리 는 사람이라면 용기가 필요합니다. 정서적인 독립과 분리의 여 정에 가장 필요한 준비물은 바로 부모 세대가 자기를 되돌아볼 수 있는 객관적인 눈과 자녀 세대의 홀로 설 수 있는 용기인 것 입니다.

가족 세대 갈등 원인 4_자녀 세대가 지닌 미해결의 주제

가족 안에서 발생하는 세대 갈등의 네 번째 원인은 자녀 세대 의 미해결의 주제와 연결됩니다.

예를 들어 고부 갈등을 살펴보면 그 안에는 며느리와 시어머 니 사이의 갈등만 존재하는 게 아닙니다.

제가 상담했던 한 여성은 어린 시절에 엄마가 오직 오빠밖에 몰라 항상 차별받고 사랑받지 못했다는 상처가 여전히 남아 있 었습니다. 성인이 돼 사랑하는 사람을 만나 드디어 결혼한 이 여성은 마음속으로 기대를 품었습니다. 비록 엄마에게 사랑받지 못했지만 '새로운 엄마'와 말 그대로 엄마와 딸처럼 지내면서 모녀관계에서 해소하지 못한 사랑을 누리고 싶은 열망을 가진 것이죠.

하지만 며느리와 시어머니는 고부 관계를 벗어나지 못했습니다. 아무리 시어머니가 며느리를 아껴도 실제로 당신의 딸에게 느끼는 감정을 품을 수 없는 것이죠. 이 여성은 당연히 고부 관계를 벗어나지 못하는 결혼생활에 실망했고, 시어머니가 자기와 시누이에게 대하는 태도가 차별이라고 느끼면서 분노했습니다. 결국 여성은 시어머니에게 불편한 감정을 표출했고, 결국 엄청난 고부 갈등으로 확산되고 말았습니다. 사실 이 여성이 시어머니에게 가진 엄청난 실망과 분노는 시어머니 책임이 아니라 지난날 엄마에게 해소하지 못한 감정인데도, 여성은 여전히 어린 시절 받은 상처를 극복하지 못한 것이었습니다.

제가 상담했던 한 남성은 같은 직종에 종사하던 어른과 장인, 사위 관계가 되었습니다. 그러다 보니 그 분야에 대해 더 많은 경험과 지식이 쌓인 장인은 당연히 사위를 도와준다는 마음으로 여러 제안을 건넸습니다. 사위에게는 돈으로 살 수 없는 정보로 실제로 큰 도움이 되었던 게 사실입니다. 그런데 사위는 장인의 도움에 고마워하지 않고, 결국 분노를 터뜨렸습니다. 장인의 순수한 말을 감정적으로 받아들이고, 무시한다고 느끼면서 불편한 속마음을 아내에게 퍼붓고, 결국 장인에게도 불만을 표출하면서 극심한 갈등이 발생했습니다.

저는 상담을 통해 그 남성에게 어린 시절 가족을 돌보지 않고 무시하던 아버지가 존재했다는 사실을 관찰했습니다. 장인이 자신에게 충고를 건네는 순간, 남성은 다른 방식으로 해석하지 못하고 지난날 아버지가 자신에게 보였던 무시의 감정과 연결 지으면서 상대를 오해하고 갈등으로 치닫게 된 것입니다.

✳ ✳ ✳

가족 안에서 발생하는 세대 갈등에는 겉으로 드러나는 면과 숨겨진 면이 동시에 존재합니다.

겉으로 드러나는 것은 고부, 장서 갈등처럼 새로운 가족 사이에서 발생하는 세대와 세대의 오해와 반목처럼 보이지만 그 이면에는 노년기에 이른 부모 세대가 당면한 발달 문제, 부부 갈등, 자녀를 중재자로 일삼고 독립을 두려워하는 마음, 자녀 세대까지 이어진 미해결의 문제가 복잡하게 얽혀 작동하는 것입니다.

가족 안에서 세대 갈등이 발생했을 경우 무조건 상대 탓이라고 생각해버리면 오히려 마음은 편해집니다. 하지만 현재 갈등이 발생하는 관계에만 주목하고 근본적인 문제를 외면한다면 갈등의 고리를 반복하고, 끝끝내 은폐하는 결과가 이어집니다. 갈등하고 있는 상대를 탓하기 전에 내 자신의 상처가 어디에서 비롯했는지 직면할 수 있는 용기가 필요합니다. 그 용기는 가족뿐만 아니라 다양한 사회 구성원과 맺는 관계에도 반드시 필요합니다.

상처는 혼자 자라지 않습니다. 가족이 불안의 씨앗을 심고, 고통의 영양분을 주고, 창백한 내일까지 결정합니다. 결국 개인의 상처는 세상의 표정이 되고, 우리는 그것을 흔히 세대 갈등이라고 말합니다.

"흘러가는 강물을 떠나보내듯
지난날과 아름답게 작별해야 한다."

세대 갈등 1

가장 풍요롭지만 가장 불안한 스무 살

우리 사회는 수십 년 만에 엄청난 변화를 겪었습니다. 세대와 세대 사이에 공통점을 찾아볼 수 없을 만큼 세대마다 자라온 시대의 풍경이 엄청나게 달라졌습니다. 따라서 가족의 영역 안에서 발생하는 부모와 자녀 사이의 세대 갈등을 넘어 젊은 세대가 품고 있는 갈등의 근원을 파악하다 보면 가족의 근원적인 치유가 비로소 시작될지 모릅니다. 특히 가장 소외된 세대로 여겨지는 현재 스무 살 청춘들의 내면을 들여다보면서 새로 발생하는 가족의 문제와 거기에서 비롯한 오늘의 풍경을 살펴보겠습니다.

저는 2002년에 독일에서 학업을 마친 뒤 귀국해 대학교수로 30~40대를 지나 50대를 보내고 있습니다. 수십 년 동안 대학생들을 가르쳤지만 특히 요즘 20대에게 너무 낯선 모습을 발견하는 일이 잦아졌습니다. 딱히 꼬집어 설명할 수 없지만 내가 스물이었던 시절, 그동안 가르친 제자들과 확연히 다른 모습에 당황하는 일도 종종 발생합니다. 저는 얼마 전 20대에게 느낌 감정을 아내에게 이렇게 말했습니다. 내가 독일에서 유학했을 당시 독일 동료 학생들에게 느꼈던 낯섦을 지금 20대 제자들에게 느낀다고.

경쟁, 불안의 불씨를 당기는 죄

지난 대통령 선거에서 20대와 관련한 이슈가 끊임없이 이어졌습니다. 이른바 '이대남', '이대녀'라 지칭하는 20대 남성과 여성은 사실 하나로 설명할 수 있는 키워드가 존재하지 않는 것 같습니다. 그들 모두 무척 다양한 특성을 가지고 있지만 그래도 공통적으로 파악할 수 있는 일정한 심리적 특성은 엿볼 수 있습니다. 바로 다른 세대보다 '불안'이 아주 높다는 것입니다.

불안은 이전 세대에도 존재했고, 특히 생존과 직결된 어려움을 겪은 한국전쟁 세대는 엄청나게 현실적인 불안에 놓여 있었습니다. 하지만 지금 20대 세대에게도 이에 버금가거나 오히려 더한 불안의 징후를 관찰할 수 있습니다.

특히 제가 상담실에서 만난 20대 남성 대부분은 높은 불안감으로 고통받고 있었습니다.

대학을 졸업한 뒤 취업을 준비하고 있는 현수는 수면장애를 호소하는 사례였습니다. 현수는 잠을 잘 수 없어 보통 새벽 3-4시 넘어 겨우 잠들기 일쑤였습니다. 당연히 이튿날 늦게 일어났고, 오전에 수강해야 하는 학원 수업에 참석하지 못하는 일이 반복됐습니다. 학원 수업에 빠지면 극심한 불안감과 자책감이 몰려와 견딜 수 없었고, 현수는 불편한 마음을 완화하기 위해서 스마트폰을 보면서 허구의 공간이 제공하는 수많은 세상에 빠져들었습니다.

늦은 오후가 되어서야 스마트폰에서 빠져나와 공부를 해야겠다고 느끼는 순간이면 극심한 불안감과 자괴감이 그를 또다시 덮쳤습니다. 아무리 공부하려고 애써도 집중하기 어려웠고, 저녁식사 후에는 불안한 마음이 진정되지 않아 잠자리를 방해했습니다. 결국 현수는 새벽녘이 되어야 겨우 잠을 이루고, 늦잠을 자 느지막이 일어나고, 또다시 늦잠에 빠지는 악순환을 반복해야 했습니다.

현수는 점점 더 이러한 자신이 싫었고, 그러면 그럴수록 더욱 불안감에 휩싸이면서 비합리적인 생각을 수없이 만들어냈습니다. 누군가 끊임없이 자기를 감시하는 CCTV가 있는 것 같은 불안에 사로잡힌 것입니다. 현수는 말도 안 되는 생각이라는 것을 알았지만, 불안한 기분을 떨칠 수 없었습니다. 결국 비합리적인 생각은 일상에서 부딪치는 사소한 일까지 확산되었고, 현수를 더욱 불안하게 만들었습니다.

현수는 상담을 통해 불안이 막연히 안 좋은 일을 예감하고 알려주는 신호라고 생각했는데, 불안 그 자체가 자신을 고통에서 헤어나지 못하게 하는 근원이라는 사실을 깨닫고 놀라워했습니다.

콘라트 로렌츠*는 《현대문명이 범한 여덟 가지 죄악》이라는 책에서 "우리 시대가 가지고 있는 여러 문제 중 중요한 것이 불안"이라고 강조하면서 '불안의 근본적인 원인이 경쟁'이라고 말합니다.

경쟁은 사실 위험하지 않습니다. 우리 시대를 떠받치는 기본

---

* Konrad Lorenz(1903~1989) 오스트리아 출신의 동물학자로 비교행동학을 창시했으며 1973년 노벨 생리의학상을 수상했다.

전제이고, 경쟁을 당연하게 받아들이고 허락하는 사회에서는 '공정한 기회'라는 인식이 팽배합니다. 사실 경쟁은 어느 시대에나 세대를 막론하고 존재했습니다. 경제가 어려운 시절에는 먹고사는 문제로 공정한 기회를 따질 기회조차 없었고, 점차 학교와 사회에서 치열하게 경쟁하는 사회 분위기가 마련된 지금은 '스스로와의 경쟁'에 돌입한 게 아닐까 조심스레 판단해봅니다.

자기 자신을 몰아붙이는 경쟁은 '자기착취'의 사회적 풍토를 만들어냅니다. 경쟁에서 살아남으려면 타인과 치열하게 승부하는 것도 모자라 스스로를 끊임없이 채찍질해야 합니다. 저는 어린 시절도 모자라 대학 생활까지 '스펙'을 쌓기 위해 애쓰는 20대를 보면서 이제 자기 자신마저 경쟁 대상이 되어버린 시대가 온 게 아닐까 걱정스러운 마음이 들었습니다.

경쟁에서 우위를 차지하려면 성과를 내야 합니다. 성과는 경쟁이라는 치열한 무대 위에서 한 번에 그치는 것이 아니라 계속해서 증명해야 비로소 인정받습니다. 오늘날 모든 분야에서 치열한 경쟁이 벌어지는 사회구조 안에서 우리는 집과 직장의 공간적인 경계선이 허물어진 시대를 살아가고 있습니다. 경쟁에 내몰린 많은 사람에게 집은 하루의 짐을 내려놓고 쉬는 보금자리가 아니라 또 다른 작업 공간으로 이어져 자기도 모르게 스스로를 한계점까지 몰아붙이는 경쟁의 연장선이 되고는 합니다. 사적인 공간과 시간이 사라진 '성과주의 시대'는 당연히 불안을 야기할 수밖에 없습니다.

알랭 드 보통은 《불안》이라는 책에서 "현대인의 불안은 야망의 하녀"라고 말합니다. 생계를 유지하고, 남들에게 무시당하지 않고 존경받으려는 모든 욕망이 불안의 형태로 나타난다는 것입니다.

성과주의 시대가 열리면서 직업은 단순한 생계수단일 뿐만 아니라 개인이 가지는 자부심의 원천이자 그 사람을 평가하는 수단이 되었습니다. 성과주의 시대의 맹점은 우리가 모두 일론 머스크나 스티브 잡스처럼 빛나는 성공을 움켜쥐고, 완벽한 만족감을 맛보지 못한다는 사실에 있습니다. 개인적으로 아무리 성공한다고 하더라도 그 위에 더 성공한 사람이 있기 마련이고, 그들은 나보다 더 많은 존경과 찬사의 대상이 됩니다. 결국 우리의 야망이 불러온 불안은 또 다른 불안을 낳고, 욕망할수록 불안으로부터 벗어날 가능성은 희박해집니다.

현수는 아무것도 하지 않았을 때 자신이 도태되고 무가치하다고 느끼고 이는 불안으로 이어졌습니다. 현수는 쉬는 시간마저 경쟁에서 오는 불안으로부터 자유롭지 못했습니다. 로렌츠는 이러한 '보이지 않는 경쟁'이 "냉혹한 악마의 주먹을 가지고"철저하게 현대인을 파괴하고 있다고, 그 결과 예전에 볼 수 없던 수많은 마음의 질병이 범람하게 되었다고 진단합니다.

《피로사회》를 쓴 철학자 한병철은 "어느 시대나 그 시대가 만들어낸 질병이 있다."고 말합니다. 요즘에는 프로이트가 살던 시대에 넘쳐나던 히스테리 환자가 드문 대신 우울증, 주의력 결핍, 과잉 행동 장애, 경계성 성격 장애, 소진 증후군 같은 새로운 신경성 질환이 넘쳐나고 있습니다. 특히 젊은 세대가 마음의 병을 앓는 경우가 늘어나고 있고, 그 밑바탕에는 하나같이 불안이 존재하고 있습니다.

경쟁의 DNA를 타고난 세대

불안의 늪에 빠진 현수처럼 이른바 이대남, 이대녀 세대는 부모 세대보다 경제적으로 훨씬 풍요로운 시대를 경험했지만 그만큼 경쟁이 치열한 시대를 살아내야 하는 것도 사실입니다.

기성세대 입장에서는 한국이 선진국에 진입하고, 높아진 국력이 선사하는 유무형의 혜택과 수준 높은 K 문화를 향유하는 젊은 세대의 불안이 얼핏 이해되지 않을 수도 있습니다. 제가 대학생이던 1990년대 초반 해외여행 자유화가 시행된 지 몇 년 지나지 않아 유럽으로 배낭여행을 갈 때만 하더라도 한국인을 대접하는 분위기는 자존심이 상할 정도였습니다. 같은 동양인이라도 선진국에 진입한 일본 여행객을 대할 때와 한국인을 대하는 태도는 표정부터 전혀 달랐던 기억이 있습니다.

그러나 한국이 선진국에 진입하고, 사회 조건이 다양하게 개선됐다고 하더라도 모든 사람이 좋은 혜택만 누리는 것은 아닙니다. 특히 젊은 세대에게는 모든 분야가 치열한 경쟁 대상으로 돌변했습니다. 대학 입학생 숫자는 줄었지만 역설적으로 입시와 취업 시장은 더욱 문이 좁아졌고, 부동산 가격이 폭등하면서 결혼해 주택을 마련하고 미래를 설계하는 계획조차 엄두가 나지 않습니다. 게다가 이제 그들이 경쟁하는 무대는 한국을 넘어 세계를 넘나들고 있습니다. 세계화가 진행되면서 그들에게 요구되는 경쟁의 조건은 더욱 폭넓고 엄격해진 것입니다. 세상은 희망찬 목소리로 물질적으로, 문화적으로 풍요로운 시대라고 말하지만 20대 입장에서는 보이지 않는 벽과 스스로 깨부숴야 하는 경쟁까지 가중되면서 끊임없이 불안감에 시달려야 하는 세대가 된 것입니다.

저는 강의실과 상담실에서 수많은 20대와 만나면서 지금까지 한국에서 살아온 수많은 세대 중에서 이대남, 이대녀 세대만큼 치열한 경쟁을 당연하게 여기고 살아가는 세대가 있을까, 고민하게 되었습니다. 게다가 20대 아들을 둔 아버지로서 스무 살이 된 아들과 친구들의 삶, 아이들이 당면한 현실과 여러 문제를 관찰하면 더욱 마음이 복잡해집니다.

저는 젊은 세대에게 이렇게 당부할 수밖에 없습니다.

치열한 경쟁에서 우위를 선점하지 못하더라도 자기 자신을 지나치게 괴롭히지 않았으면 좋겠다고. 성과를 낸 누군가와 끊임없이 자기 자신을 비교하면서 고통받는다면 다음에 주어질 기회마저 고갈시킬 수 있다고. 이번 기회에 성과를 내지 못한 것이지 내 인생이 실패한 것은 아니라고.

우리 시대는 한 번의 성과에 만족하지 않고, 계속해서 성과를 증명해야 한다고 말했는데 반대로 생각하면 기회는 한 번에 그치지 않고 계속 주어지는 것이라고. 스스로에게 책임을 돌리고, 수치심과 죄책감에 빠질 수 있는 숱한 가능성으로부터 무엇보다 자기 자신을 보호해야 한다고.

불안이 불러오는 관계의 어려움

다시 한 번 강조하지만 수많은 경쟁도 모자라 자기 자신과 싸워야 하는 20대에게 불안은 모든 고통의 원인입니다. 불안한 20

대에게 관찰되는 특징 중 하나는 바로 '관계의 어려움'입니다.

제가 상담실에서 만난 20대는 이전 세대에 비해 사회적 접촉과 소통을 힘들어하는 경향이 높았습니다. 쉽게 말해 사람을 사귀는 데 어려움을 겪는 젊은이가 생각보다 많다는 사실입니다. 어느 세대나 타인과 관계 맺는 일이 쉽지 않지만 지금 20대는 그 양상이 사뭇 달라 보입니다.

새천년, 밀레니엄 이후에 태어난 20대는 한국에서 본격적으로 개인주의가 뿌리내리는 시대에 유년기를 보냈습니다. 그들의 부모는 집단 문화를 당연하게 여기고 일종의 공동체 의식을 공유했지만 실제로는 개인주의화된 시대에 진입하는 과도기적 세대이기도 했습니다.

20대는 집단과 개인을 공유한 부모 세대와 달린 유년기 시절부터 혼자 누리는 문화에 자연스레 길들여졌고, 개인주의적 삶에 적응했습니다. 예를 들어 20대는 부모 세대처럼 골목이라는 놀이터를 가져본 적이 없습니다.

제가 어릴 때만 하더라도 동네 골목은 아이들이 술래잡기, 공기놀이, 고무줄놀이, 사방치기 등 수많은 놀이를 함께하며 신나게 뛰어노는 놀이터였습니다. 골목마다 아이들이 웃고 조잘대는 소리가 가득했고, 동네는 누구 하나 독점하지 않고 모두에게 열린 공간이었습니다. 하지만 지금 20대는 어린 시절부터 살을 맞대고 어울리는 친구보다 '비대면'으로 수많은 관계가 가능한 스마트폰이 가장 큰 놀이터였습니다.

아이들뿐만 아니라 어른들에게도 가장 중요한 장난감으로 자리매김한 스마트폰은 제가 어린 시절에는 상상할 수 없는 SF 영화에서나 등장할 법한 물건이었습니다. 연락이 닿으려면 직접 만나야 하고, 대면하기 껄끄러운 상황이라도 직접 관계를 맺어야 하는 시대여서 당연히 지금 20대보다 사람과 접촉할 기회가 많을 수밖에 없었습니다.

사람과 부대끼는 게 긍정적인 면만 있는 것은 아니지만 지금 20대는 어린 시절부터 대인관계 자체가 제한적일 수밖에 없는 사회 환경에 놓여 있었습니다. 아이들은 대부분 단출한 가족 사이에서 자랐습니다. 그나마 관계를 확장해도 부모와 양육을 도와주는 조부모, 교실이나 학원에서 만나는 친구가 전부입니다. 그 어떤 시대보다 사람과 친밀해질 수 있는 기회 자체가 부족했기 때문에 가족과 친구 사이에 네트워크가 제대로 유지되지 않으면 고립될 가능성이 높아졌습니다.

제가 상담실에서 만난 20대 중에는 학습 과정에는 전혀 문제가 없어 보이는데, 관계 능력이 신가하게 결핍된 경우가 종종 있었습니다. 학습 능력은 대학생 수준에 걸맞게 발달시켰지만 주변 사람과 맺는 관계 능력은 여전히 초등학교 저학년 정도에 머물고 있는 미숙한 청년은 본인 스스로 늘 서툴고 어색한 인간 관계에 엄청난 스트레스를 받고 있었습니다.

교실이나 사회에서 인기가 많고 늘 친구들에게 둘러싸인 사람의 특징은 관계 능력이 뛰어나다는 것입니다. 오늘날 관계 능력은 생존 기제에 속합니다. 특정한 전문 분야를 제외하고 수많은 직업과 사회 영역에서 관계 능력이 높을수록 살아남고, 성공할 가능성이 커지기 때문입니다. 반대로 관계 능력이 미숙한 사람은 그만큼 자기 분야에서 살아남기 위해 더욱 애쓸 수밖에 없습니다.

우리는 의도하든 의도하지 않든 끊임없이 다양한 관계를 맺고 살아갈 수밖에 없습니다. 관계 능력이 어려워지면 일상마저 불안해지고, 관계에서 발생한 불안이 결국 삶의 많은 부분을 제대로 작동하지 못하게 가로막습니다. 하다못해 직접적인 관계를 맺지 않는 익명성의 공간에서도 불안을 떨치지 못해 스스로 삶을 몹시 피폐하게 만들 수 있습니다.

제가 상담했던 20대 남성 기철은 중학교 시절 따돌림을 당한 트라우마가 있었고, 또다시 상처받지 않기 위해 날마다 애쓰는 삶을 살고 있었습니다. 기철이 선택한 방법은 사람들 눈에 띄지 않고 스스로 투명인간이 되는 것이었습니다. 기철은 지하철을 탈 때도 주변을 살피고, 눈에 띄지 않기 위해 애썼습니다. 그러던 어느 날 기철은 지하철에서 우연히 앞에 서 있는 사람과 시선이 마주쳤고, 그 다음부터 대중교통을 절대 타지 못하는 상황에 이르렀습니다. 끊임없이 주변을 의식하고, 눈치를 보고, 자신을 보호하려고 했던 기철은 점점 더 스스로를 집 안에 가둬버렸습니다.

알랭 드 보통은 《불안》에서 자존감과 대인관계의 연결성을 설명하면서 "자존감은 내 스스로 자신을 바라보는 방식이다. 그런데 이러한 자존감은 다른 사람이 나를 바라보는 방식을 스스로 자신을 바라보는 방식으로 결정을 내린 것"이라고 말합니다. 다른 사람이 나를 가치 있는 사람이라고 바라보면 '나는 그런 가치를 가진 사람'이라고 스스로를 바라본다는 것이죠. 결국 수많은 사람이 자신을 바라보는 방식마저도 스스로 결정하기보다 다른 사람의 시선에 영향을 받는 것입니다.

혼자 있지 못하는 노골화된 무능력

제가 상담실에서 만난 20대 중에서 관계의 어려움으로 힘들어하는 사람들에게 공통적으로 발견하는 특징이 있습니다. 바로 자존감에 상처를 입고 자신감마저 잃어버린 사람들이라는 것입니다. 사람들에게 마음을 다치고, 또다시 상처받을 게 두려워 잔뜩 경계하거나 지나치게 의기소침해하는 사람들은 오히려 타인에게 애써 자신이 강한 것처럼 행동하면서 자존감의 상처를 드러냅니다. 이들이 가장 무서워하는 게 타인의 시선이기 때문입니다.

관계의 문제는 결국 자신 안에 똬리를 튼 기철처럼 관계에 미숙한 사람에게만 나타나지 않습니다. 사람들에게 지나치게 집착하고 일상의 대부분을 누군가와 함께하지 않으면 불안해서 의존하거나 스마트폰을 손에서 떼어놓지 않는 모습으로도 발현됩니다.

로렌츠는 불안에 따른 조급함은 인간으로부터 가장 본질적인 요소들을 박탈하는데 그중에 하나가 "짧은 시간도 혼자 있지 못하는 노골화된 무능력"이라고 말합니다. 로렌츠 말에 빗대면 어쩌면 오늘날 많은 사람이 자기도 모르게 관계의 문제를 앓고 있는지도 모르겠습니다. 많은 사람이 혼자 있지 못하고, 스마트폰을 손에서 떼어놓지 못하고 포털사이트와 SNS가 즉각적으로 제공하는 수많은 정보와 타인과의 연결성에 사로잡혀 있습니다.

스마트폰을 통해 타인과 연결되는 허구의 끈은 자기 자신과 대면하고 내면을 들여다보는 시간을 회피하게 만듭니다. 우리에게는 스스로 깊이 생각하고 반성하는 힘을 통해 타인과 관계 맺는 힘이 필요한데, 스마트폰은 그 모든 가능성을 차단합니다.

에리히 프롬은 "자기 자신에 대한 애착과 배려가 결여되면 스스로를 공허하게 만들고 좌절시킨다."고 말합니다. 타인에게 지나치게 매달리고, 혼자 잠시도 가만 있지 못하고, 스마트폰에서 잠깐이라도 알림이 뜨지 않으면 초조해하는 사람은 그만큼 자신을 돌보지 못하고, 관계 문제에서 수많은 시행착오를 겪을 가능성이 높습니다.

✳ ✳ ✳

내면에서 끊임없이 올라오는 허기는 결국 자존감, 스스로에 대한 믿음과 자신감의 문제와 직결됩니다. 목표를 향해 도전하고, 실패하더라도 끝까지 밀고 나가지 못하는 것은 단순히 자신감이 부족해서 발생하는 현상이 아닙니다.

부모 세대가 20대 자녀에게 버릇처럼 하는 말이 있습니다.

"너는 왜 그렇게 자신감이 없고 우유부단하니."

부모는 복잡한 관계와 치열한 경쟁 때문에 불안을 안고 사는 자녀의 내면을 이해하지 못하고, 단순히 자신감이 없거나 능력이 부족하다고 판단해버립니다. 부모의 단순한 충고와 표현은 자녀에게 상처를 남기고, 세대 사이에 갈등을 부추기는 기폭제가 됩니다.

20대 자녀가 내면에 숨긴 허기, 불안을 헤아리지 못하면 부모와 자녀의 소통은 점차 불가능해집니다. 소통하지 않으면 어떤 관계이든 불행해질 수밖에 없습니다. 부모와 자녀 모두 서로를 이해하지 못한 채 각자의 소통 방식으로 메시지를 전달하지만, 이것을 해석할 수 있는 번역기가 없기 때문입니다. 그래서 결국 가장 가까이 있지만 서로 이해하지 못하는 낯선 존재로 살아가야 합니다.

부모 세대는 20대가 경쟁, 불안, 관계의 어려움에서 더욱 가혹하게 짐을 짊어지고 있는 세대라는 현실을 깨닫고 존중해야 합니다. 자녀 세대는 부모 세대와 거리감을 느낄 때 소통을 단절하지 말고 대화하려고 노력해야 합니다. 세대마다 가진 차이와 갈등은 20대에게만 해당하는 문제가 아니기 때문입니다.

자녀가 스스로를 바라보는 방식인 자존감은 부모가 바라보는 시선을 자신의 방식으로 받아들인 결과입니다. 자녀가 당당하게 사회에서 제 몫을 감당할 수 있는 존재가 되기 위해서는 무엇보다 자존감이 필요합니다. 자존감을 회복하면 불안은 자연스레 마음의 경계 밖으로 물러납니다.

세대 갈등을 이야기하기 전에 우리는 가장 가까운 가족의 서로 다른 시간을 곱씹어봐야 합니다. 부모가 자녀를 어떤 방식으

로 바라보았는지. 그리고 자녀가 부모의 시선을 무조건적으로
받아들인 결과가 지금 어떤 모습인지.

"어린 시절,
동네와 골목을 잃어버린 스무 살은
이제 보이지 않는 세계와 겨루며
불안의 거울과 마주한다."

세대 갈등 2

이대남, 이대녀 세대가 분노하는 까닭

Class
11

가장 풍요로운 세상을 누리는 것처럼 보이지만 가장 경쟁이 심한 시대를 살고 있는 불안한 20대는 늘 관계의 어려움을 겪으면서 제 내면에 똬리를 트는 것만은 아닙니다. 불안이 지속되면 분노를 낳습니다. 이른바 이대남, 이대녀 세대에게 종종 관찰되는 공격성과 의기소침함 또한 불안이 빚어낸 동전의 양면 같은 내면의 풍경입니다.

불안은 우리 몸과 마음에 아주 불편한 영향을 끼치기 때문에 사람들은 어떻게든 빨리 해결하고 싶어 합니다. 그러나 불안은 생각만큼 쉽게 해소되지 않습니다. 불안의 원인을 찾아 제거해야 하지만 그 대상을 찾아가는 과정 자체가 무척 힘듭니다. 따라서 쉬운 해결책에 의존하는데, 이른바 회피적 행동입니다. 그리고 회피적 행동 후에 찾아오는 고통스러운 감정이 바로 분노입니다.

사람들은 스스로에게 무력감을 느끼고 뼛속 깊이 열등감과 수치심에 사로잡히는 순간 분노의 감정에 휘말립니다. 분노가 마음과 생활까지 지배하지만 쉽사리 마주보지 못하고, 결국 분노에 집어삼켜지기도 합니다. 그러고는 직간접적으로 문제의 원인이 된 사람을 원망하거나, 익명성이 보장되는 경우 분노의 감정에서 만들어지는 공격성을 드러내기도 합니다.

그러나 이러한 분노의 표현 뒤에는 무엇보다 자기 자신에게 화가 나 있습니다. 겉으로는 부당함에 대해 항의하는 모습으로 비칠 수 있지만 사실 스스로를 원망하고, 불만을 터뜨리는 것이죠. 그렇게 '수치심'과 '죄책감'이 뒤섞여 고통은 배가되고, 자신감을 더욱 잃어버리는 결과를 초래해 불안감을 더욱 증폭시킵니다. 말 그대로 불안과 분노가 악순환하는 순환 고리에 갇히고 마는 것입니다.

불안이 지속되면 분노를 낳는다

앞서 인간에게 가장 고통스러운 감정은 수치심과 죄책감이라고 말했는데, 두 감정은 마치 쌍쌍둥이처럼 함께 발생합니다. 에리히 프롬이 지적했듯이 〈창세기〉는 인간에게 어떻게 수치심과 죄책감이 발생했는지 그 근원을 설명하고 있습니다.

"아담과 하와가 '선과 악을 알게 하는 지혜의 열매'를 먹은 순간 '발가벗고 있다'는 사실을 알고 부끄러워하게 되었다. 그 결과 그동안 에덴동산에서 누리던 조화로운 삶으로부터 강제적으로 분리되었다."

에리히 프롬은 인간의 가장 절실한 욕구는 '분리 상태를 극복하려는 욕구'라고 말합니다. 수치심과 죄책감은 조화로운 상태에서 분리돼 '화목한 시간'을 잃어버린 인간이 가지는 감정으로, 다시 하나가 되고 싶은 강력한 욕구를 내포하고 있습니다.

사람들은 수치심과 죄책감이 너무 고통스러운 감정이어서 빨리 벗어나고 싶어 하는데, 그 해결 방법 중 하나가 '분노'입니다. 그래서 누군가에게 쏟아내는 단단한 분노 밑바닥에는 상대에 대한 죄책감이 웅크리고 있는 경우가 많습니다. 결국 불안이 만들어낸 분노의 칼끝은 결국 부끄러운 자기 자신을 겨냥하고 있는 것이죠.

타인에게 분노하는 만큼 스스로에게 화가 나고, 자기 자신을 원망할수록 자존감은 깊은 상처를 받아 의기소침해집니다. 모든 관계에서 의기소침해지면 자연스레 우울과 무기력이 뒤따릅니다.

저는 상담실에서 만난 수많은 20대를 통해 극단으로 보이는 분노와 의기소침 사이에서 헤매며 불안의 증세에서 벗어나지 못하고 고통스러워하는 모습을 자주 관찰할 수 있었습니다.

분노의 감정에 사로잡히지 않으려면 자신의 부족함을 받아들이고, 패배와 실수를 범한 자신을 너무 탓하지 않는 게 중요합니다. 스스로 늘 부족하다고 느끼고, 안 좋은 일을 무조건 자기 잘못으로 받아들이면 자신이 무가치하다는 자존감의 손상을 피할 수 없습니다.

모든 관계를 헝클어뜨리고 복잡한 방식으로 접근하면서 스스로 고립되는 사람에게 필요한 모습이 있습니다. 일이 잘되었을 경우 자기 능력 덕분이라고 자랑하고, 실패했을 경우 주변 환경과 사람 탓이라고 책임을 돌리는 '뻔뻔한' 마음가짐입니다.

날마다 경기를 치러야 하는 운동선수는 경기에서 패배하면 운이 없었거나 상대편이 너무 강했다고 여러 자기변명을 합니다. 이것은 사실 패배감 뒤에 찾아오는 수치심과 죄책감으로부터 스스로를 보호하려는 본능적인 자세입니다. 내일 또다시 경기를 치러야 하는데 수치심과 죄책감에 사로잡혀 있으면 자기 자신에게 화가 나서 우울하고 무기력해지고 결국 다음 경기까지 영향을 미쳐 선수 본인은 물론 팀 전체가 기나긴 슬럼프를 겪는 원인이 된다는 것을 오랜 경험에서 깨달았기 때문입니다.

모든 관계에서 불안을 느끼고, 자기 자신을 미워한 나머지 알 수 없는 분노에 사로잡히는 사람이라면 좌절과 상실, 거부와 비난, 소외와 고독 앞에서 뻔뻔함으로 위장된 자기용서를 가질 필요가 있습니다.

열등감을 회복하는 접촉

불안은 그 자체만으로 우리에게 치명적이지 않습니다. 알랭드 보통이 말했듯이 적절한 불안은 오히려 "현대 사회에서 성공과 생존 가능성을 높일 수" 있습니다. 불안은 적당한 긴장감을 불러 자기 안전을 도모하기 위해서 능력을 개발하고, 더 치밀하게 노력할 수 있도록 합니다. 그러나 불안의 강도가 지나치면 분노로 이어질 수 있다는 것이 문제입니다.

불안이 분노로 이어지면 고통의 원인이 주변 환경이나 두려운 내일이 아닌 불안 그 자체에 머물게 됩니다. 불안을 해결하기 위해 사용한 방법들이 다시 불안을 짓누르는 것이죠.

분노를 낳는 불안에서 벗어나려면 이러한 악순환의 고리를 파악하는 것에서 출발합니다. 불안과 분노의 도식이 만들어낸 수많은 비합리적 생각과 감정이 어디에서 비롯했는지 그 근원과 대면할 때 불안 그 자체의 뿌리를 도려낼 수 있습니다.

배르벨 바르데츠키는 "자존감에 입은 상처를 회복하는 지점은 접촉"이라고 말합니다. 우선 자기 자신과의 '접촉'을 통해 열등감과 열등감의 또 다른 표현인 '가짜-나'의 왜곡된 우월감에서 벗어나야 한다고 강조합니다.

제가 20대인 아들에게 '이대남'이 품고 있는 불안에 대해 이야기를 건네며 질문을 던지자 아들은 가장 와닿는 부분이 '열등감'이라고 대답했습니다. 제 입장에서는 부모 모두 대학교수이고, 경제적으로 부족함 없이 자랐다고 생각했는데 정작 아들이 공감하는 부분이 열등감이라는 사실에 적잖이 놀랄 수밖에 없었습니다.

저는 아들과 깊은 대화를 나누면서 대학입시 과정에서 깊은 마음의 상처를 받았고, 그 열등감으로부터 자기를 지키기 위해 힘겹게 애쓰고 있다는 사실을 알게 되었습니다. 되돌아보면 저 역시 20대 시절에 고단한 유학 생활 등 깊은 열등감으로 고통받았다는 기억이 떠오르면서 그제야 아들 속마음에 더 깊이 공감할 수 있었습니다.

배르벨 바르데츠키는 자기 자신과의 접촉과 더불어 "열등감의 뿌리인 자신이 가진 나약함과 한계를 받아들일 것"을 제안합니다. 자기 자신을 객관적으로 바라볼 수 있는 힘이 있다면 남들과 비교하면서 스스로 고통받지 않을 수 있다는 것입니다. 타인의 시선을 의식하지 않고, 평가에 좌지우지하지 않고, 지나온 날을 후회하며 스스로를 다그치지 않으면 오롯이 오늘 자기 자신의 모습과 하루 일과에만 집중할 수 있습니다.

배르벨 바르데츠키는 나아가 자기 자신뿐만 아니라 다른 사람과 실제적인 접촉을 늘리라고 제안합니다. 혼자 불안을 떨쳐내고 자기 자신과 화해하는 것은 한계가 있습니다. 다른 사람과 건강한 접촉이 이루어지면 열등감이 부추기는 자기연민과 자기비하에 빠지지 않을 수 있습니다. 타인과 접촉을 단절하고 자기만의 공간으로 물러가 고립되면 오히려 열등감이 집어삼킬 수 있습니다.

우리는 다양한 사람과 폭넓게 접촉하려는 노력을 통해 제한되고 고정된 시선에서 벗어날 수 있습니다. 호기심 어린 눈으로 타인의 생각을 듣고 의견을 나누다 보면 내가 그동안 바라보던 세상이 전부가 아니라 하나의 좁은 시선에 불과하다는 사실을 자각할 수 있습니다.

왜 현재 한국에서 전혀 새로운 세대 갈등이 폭발했나

젊은 세대가 품고 있는 불안의 근원, 경쟁을 부추기는 세상에서 비롯한 열등감에 시달리는 안타까운 현실과 조언을 건넸지만 20대의 분노하는 목소리는 오히려 커지고 있습니다. 특히 몇 년 전 자녀의 입시 문제가 불거진 고위공직자에 대한 분노, 지난 대통령 선거 과정에서 첨예하게 맞선 갈등을 지켜보면서 이전과는 사뭇 다른 20대의 불안과 거기에서 비롯한 세대 갈등의 문제를 고민하게 되었습니다.

최근에 '이대남'으로 표현되는 20대 남성은 공교롭게 가장 노년층인 세대와 같은 보수적인 성향을 띤다고 진단하는 목소리가 높습니다. 저는 지금까지는 전혀 한 테두리에 놓인 적 없는 두 세대의 분노를 지켜보면서 현재 20대 남성의 부모가 흔히 '386 세대'로 불리는 40~50대라는 사실을 깨달았습니다. 저 역시 그 세대에 포함되는 아버지의 한 사람입니다.

이대남의 보수적인 성향은 세대 갈등이 전제되어 있는데, 그들이 가장 분노하는 대상이 바로 부모가 포함된 '4050' 기성세대인 것입니다. 4050 세대는 민주화 운동 세대로 여느 세대보다 진보적인 성향을 보입니다. 따라서 20대 남성의 '묻지 마, 우 클릭' 성향은 부모 세대에 대한 반발과 연결되어 있습니다.

게다가 '코로나 시대'가 몰고 온 자본의 범람과 그로 인한 주택 시장의 광풍, 더욱 좁아진 취업 전선 속에서 20대 남성은 심리적인 박탈감이 더욱 커졌습니다. 그들에게 집은 아무리 노력해도 살 수 없는 신기루나 마찬가지이고, 아무리 스펙을 쌓아도 만족스러운 직장을 찾기란 하늘의 별을 따는 것보다 어려워졌습니다.

20대 남성이 자신들이 처한 상황이 공정하지 않고, 불합리하다고 생각하는 것은 어쩌면 당연한 노릇입니다. 그래서 20대 남성이 기성세대가 손쉽게 보금자리를 마련하고, 웬만하면 취업이 가능한 시대를 살았다고 여기면서 반발심을 가지는 것 또한 이해되는 측면이 있습니다.

부모 세대 입장에서는 20대 남성이 기성세대가 이루어낸 풍요 속에서 수많은 혜택을 누렸다고 항변할 수 있지만, 그들 입장에서는 기성세대가 누린 특권을 박탈당한 부분이 분명히 존재합니다.

저는 독일에서 유학하면서 한 국가가 가진 교육 시스템의 혜택을 누린 사람입니다. 독일은 학비가 없는 나라입니다. 유학에서 가장 부담스러운 부분이 학비인데, 저는 생활비만 부담하면서 박사 과정까지 마칠 수 있었습니다. 게다가 학생 신분이어서 버스나 전철 같은 대중교통을 이용할 때도 특혜를 받았습니다. 유럽은 교통비가 만만치 않은데, 한 학기에 당시 한국 기준으로 5만 원 남짓한 비용만 부담하면 이 모든 혜택을 누릴 수 있었습니다. 또한 학생 식당 '멘자(Mensa)'에서 저렴한 가격으로 양질의 식사를 해결하면서 학업에 더욱 집중할 수 있었습니다.

그런데 제가 유학 생활을 마칠 무렵 독일 정부에서 학비를 받으려는 시도가 있었습니다. 그러자 수많은 독일 대학생이 정부를 성토하며 거리로 나섰습니다. 그 당시 제가 인상 깊었던 부분은 독일 대학생들의 주장이었습니다. 그들은 기성세대가 학비 부담 없이 교육을 받은 덕분에 현재 위치에 놓였는데, 새로운 세대에게 교육비를 받는다면 세대 간 불공정의 문제를 야기한다고 분노했습니다. 이 주장은 상당한 설득력을 얻었고, 정부는 정책을 철회하고 예전처럼 국가가 모든 교육에 소요되는 비용을 부담하는 것으로 돌아갔습니다. 저는 수십 년 전인 그때 이미 공정함의 주제가 세대와 세대 사이에 적용될 수 있다는 사실을 지켜본 셈입니다.

시간은 언제나 아들 세대의 편

역사를 살펴보면 세대 갈등은 시대를 막론하고 언제나 반복됐습니다. 우스갯소리로 고대 그리스 시대의 낙서 중에 "요즘 젊은것들은 버릇이 없다."는 문구도 있다고 하니 세대 갈등의 역사는 생각보다 더 많은 세월을 거슬러 올라가야 할지도 모릅니다.

앞서 '아버지와 아들' 클래스에서 잠깐 언급했지만 그리스 신화야말로 세대 갈등에 관한 가장 극적인 우화가 아닐까 생각합니다.

올림푸스의 주신인 제우스는 아버지 크로노스와 치열한 전쟁을 치르면서 세상의 주인으로 등극합니다. 제우스의 아버지 크로노스 또한 권력을 유지하기 위해 아내 레아가 자식을 낳을 때마다 무릎 앞에서 기다린 뒤 갓 태어난 아들을 집어삼켜버렸죠. 화가 루벤스가 그린《아들을 잡아먹는 크로노스》에서 아버지는 아들의 심장을 물어뜯고, 고야가 그린《자식을 잡아먹는 크로노스》에서는 아들의 머리도 모자라 몸통마저 삼키려는 비정한 아버지의 광기 어린 눈빛을 볼 수 있습니다.

제우스는 자신의 권력을 위해서라면 아들 목숨 따위 아랑곳하지 않는 아버지 크로노스의 눈을 피해 몰래 태어난 아들입니다. 제우스가 어른으로 성장해 크로노스에 맞서 싸울 때, 아들은 아버지가 삼킨 자식을 토해내게 합니다. 아들 세대와 아버지 세대의 싸움, 이른바 하늘이 흔들리고 땅속 깊은 곳까지 진동하는 '티탄들의 전쟁'은 10년 동안 이어지고, 결국 아들 제우스의 승리로 끝맺습니다.

아버지의 힘이 아무리 강력해도 시간은 언제나 아들 편입니다. 제아무리 기성세대가 세상의 모든 것을 소유하고, 그들에 의해 세계의 질서가 작동한다고 해도 시간은 흘러가고, 아들은 또 다른 힘을 가진 아버지로 성장합니다. 새로운 세대가 힘을 소유하려면 기성세대가 가진 힘을 물려받아야 합니다. 그렇게 시간은 언제나 새로운 세대가 승리할 수밖에 없다고 말합니다.

기성세대는 세상의 주인공을 다음 세대에게 물려주어야 한다

오늘날 20대 남성과 부모 세대 사이에 발생하는 긴장과 갈등을 살펴보면 그리스 신화의 그림자가 어른거리는 것 같습니다.

지금의 4050 세대는 아시아에서 유례를 찾아볼 수 없는 민주화를 스스로 이룬 세대이며 그들이 기성세대로 자리하는 동안 한국은 선진국에 진입했습니다. 그들은 그 어떤 세대보다 역동

적이고 진보적이며 창조적인 세대라고 할 수 있습니다.

오늘날 20대 남성과 부모 세대의 갈등이 심각하다고 말했지만, 사실 4050 세대가 20대였던 시절에 그들의 부모 세대인 현재 70~80대 세대 사이에 발생하는 긴장과 갈등은 더욱 극심했습니다. 한국전쟁을 겪고, 한강의 기적을 일군 7080 부모와 4050 자녀는 민주화, 노동, 생활양식 등 거의 모든 부분에서 가치관이 충돌할 수밖에 없었습니다.

기성세대가 놀라운 성취를 이루면 이룰수록 다음 세대에게는 무거운 짐으로 작용합니다. 프로이트가 말했듯이 '오이디푸스적인 딜레마'가 발생하는 것이죠. 아들에게는 언제나 아버지를 뛰어넘어야 한다는 숙명이 삶의 과제로 주어집니다. 하지만 엄청난 성과를 이룬 아버지 세대를 뛰어넘으려면 그만한 역량이 필요한데, 아들은 그 과정에서 열등감에 휩싸일 수 있습니다.

부모 세대는 자녀 세대의 반발과 저항, 분노 저편에 아버지에게 인정받고 싶은 열등감이 내재해 있다는 사실을 헤아려야 합니다.

제이 헤일리는 가족 갈등의 근본적인 문제가 권력 싸움이라고 보았는데, 세대 갈등도 마찬가지입니다. 기성세대는 다음 세대에게 존경받고 싶어 하는데, 이러한 욕구를 실현하기 위해 반드시 필요한 것이 선한 권력의 힘, 바로 영향력입니다.

세대 갈등은 새로운 세대와 기성세대가 권력을 이양하는 과정에서 발생하는 일종의 통과의례일지 모릅니다. 기성세대가 별다른 영향력도 없고 무능력하다면 권력 이동은 상대적으로 쉬울 수 있습니다. 지금 20대의 부모 세대는 식민지와 전쟁이라는 혼란의 틈바구니에서도 무에서 유를 창조했다고 자부하는 기성세대를 부모로 두어야 했고, 그들과 치열한 갈등 속에서 결국 기성세대로 자리 잡았습니다.

이제 기성세대가 된 4050 부모 세대는 곧이어 세상의 중심이 될 새로운 세대에게 그 자리를 물려줄 시간 앞에 다다랐습니다. 어쩌면 부모 세대가 자녀 세대에게 건넬 수 있는 가장 큰 선물은 그들이 아버지를 뛰어넘을 수 있도록, 건강한 권력의 힘을 얻을 수 있도록 끊임없이 북돋우고, 응원하고, 어떤 목소리에도 귀 기울이는 게 아닐까 생각합니다.

※ ※ ※

오이디푸스적인 개념에 의하면 자녀 세대가 부모 세대를 능가해야 하는 운명은 아들 혼자 헤쳐 나가야 할 버거운 짐이 아니라 아버지가 함께 도움을 주어야 할 공통의 숙제라고 이야기합니다.

철학자 헤라클레이토스는 "만물은 끊임없이 변화하고, 오늘의 강물은 어제의 강물과 다르다."고 말했습니다. 부모 세대가 이룬 성공의 방식은 자녀 세대에게 더 이상 의미 없을 수 있습니다. 새로운 세대는 기성세대가 성취한 성공에 기대 안주하지 않고, 자기 시대에 맞는 새로운 길을 찾아가야 합니다. 그리고 기성세대는 새로운 세대가 자신을 뛰어넘어 세상의 주인공이 될 수 있도록 제 삶의 기준에서 평가하거나 판단하지 말고 인내하고, 관대해질 필요가 있습니다. 그리고 명심해야 합니다. 언제나 시간은 새로운 세대의 편이라는 사실을.

"시간은 언제나 미래의 주인인 아들의 편"

일인 가구

혼자 사는 청춘에 관한 보고서

1990년대 후반 독일에서 유학하던 서른 살 언저리에 주변을 살펴보면 결혼하지 않고 함께 사는 사람들과 혼자 사는 사람이 무척 많다는 사실에 신기해한 적이 있습니다. 당시만 해도 한국은 여전히 전통적인 가족 문화가 유지되고 있었고, 제가 알고 있는 대부분의 사람이 가정을 꾸리거나 가족과 한집에서 함께 살고 있었습니다.

당시 개인주의 문화가 일반화된 유럽에서 일인 가구와 동거 문화는 자연스러운 가족의 한 형태로 받아들여졌습니다. 자녀가 대학에 들어가도 부모와 함께 사는 게 자연스러운 한국과 달리 열여덟 살이 되면 집을 떠나 기숙사나 독립된 주거 공간을 마련하는 것이 당연하게 여겨졌던 것이죠.

일인 가구는 언제 어디서나 존재했습니다. 고향을 떠나 대도시에 자리 잡은 이주민, 부모를 여의고 결혼하지 않은 독신, 자녀가 독립하고 배우자와 사별한 노인 등 제가 어린 시절에도 수많은 사람이 혼자 살아가는 경우가 많았습니다. 하지만 최근에는 개인주의가 확산하고, 독립과 자유를 통해 행복을 추구하는 '소확행' 문화가 등장하면서 젊은 세대를 중심으로 기존과 사뭇 다른 범주의 일인 가구가 등장하고 있습니다.

불안으로부터 균형을 이루는 자기만의 아지트

최근 들어 한국에는 '젊은' 일인 가구가 급속하게 확산 중입니다.

결혼하지 않아도 부모 집을 떠나 독립된 공간에서 혼자만의 삶을 즐기는 젊은 세대는 가족보다 자기의 일과 혼자만의 시간을 더욱 소중하게 여깁니다. 실제로 그들만을 위한 새로운 문화가 등장하고, 유행하기도 하죠.

저는 뉴스나 방송, 유튜브를 통해 '혼자 사는 청춘'의 다양한 모습을 보면서 '아지트'가 떠올랐습니다. 아동을 상담하기 위한 놀이치료실에서 반드시 갖추어야 할 공간이 아이가 혼자 숨을 수 있는 아지트입니다. 책상 밑이나 작은 텐트는 불안감을 느끼는 아동에게는 피난처인 셈입니다.

우리는 날마다 직장에서 고된 하루를 보내고 집으로 돌아옵니다. 쉴 틈 없는 회의, 마음에 들지 않는 동료와 나누는 악수와 형식적인 인사, 끊임없이 제 위치를 가늠하며 눈치를 보고 처신해야 하는 위계질서…… 과도한 업무와 인간관계에 지친 나머지 아직 소화하지 못한 감정을 지닌 채 나만의 공간에 도착합니다. 비로소 혼자가 돼 어둔 방에 불을 켰을 때, 우리는 비로소 자기 자신과 대면합니다. 이 순간 집은 단순히 물리적 공간만이 아닌 심리적 공간으로 자리합니다.

젊은 세대는 관계의 어려움을 겪는 경우가 많다고 했는데, 어쩌면 자기만의 공간에 대한 애착이 커진 이유도 이러한 맥락에서 이해할 수 있을지 모르겠습니다. 또한 혼자 사는 공간을 꾸미고, 집짓기가 유행하는 것도 이러한 맥락의 연장선상일지 모르겠습니다.

정신분석에서 집이나 방은 어머니의 자궁을 상징합니다. 이러한 의미에서 집은 안전하고 보호된 나만의 공간입니다. 집은 아무나 들어올 수 없고, 집주인의 허락이 있어야 발을 들일 수 있습니다.

우리는 복잡다단한 현대사회를 살아가면서 수없이 경계가 무너지고, 나만의 안전한 영역을 누릴 기회마저 빼앗기고 있습니다. 생활에 편리함을 가져다준다고 믿었던 컴퓨터와 스마트폰은 오히려 일과 후에도 사적인 시간과 공간의 구분을 사라지게 만들었습니다. 늘 보이지 않는 바깥에 내몰린 사람들은 그래서 더욱더 자기만의 아지트를 가지고 싶은 열망이 커진 것인지도 모릅니다.

칼 융은 스위스 취리히 북쪽에 자리한 마을 볼링겐에 스스로 집을 지었습니다. 호숫가에 땅을 마련해 가족과 함께 손수 지은 그 집에는 전기도 들어오지 않고, 마땅한 편의시설도 없어 마치 중세시대에나 존재하는 건물 같았습니다. 칼 융은 이 집을 지은 무렵에 스위스뿐만 아니라 영국, 프랑스, 독일, 네덜란드 등 수많은 곳에서 강연을 하고, 연구를 진행하는 등 가장 왕성한 활동을 펼치고 있었습니다. 어쩌면 그 집은 칼 융이 가장 분주했던 시기에 고된 현실에 대비해 균형을 맞추는 심리적으로 안전한 공간이었을지 모릅니다. 의사와 심리학자로서 치열한 삶을 살아가던 그에게 우물에서 찬물을 길어다 난로에서 끓이고, 등

잔을 켜야 하는 소박한 공간은 어머니 자궁처럼 내적인 평화를 안겨주었을 게 분명합니다.

젊은 세대가 '자기만의 방'을 소유하고, 취향에 따라 혼자 사는 공간을 꾸미는 행위 역시 결코 녹록하지 않은 현실에서 맞닥뜨리는 위험과 불안으로부터 심리적인 균형을 이루는 작은 몸부림일지 모릅니다. 혼자 아무리 애써도 집 바깥에서 행복을 구하려는 건 어렵지만 자기만의 공간에서는 벽지와 커튼, 가구를 바꾸는 것만으로 즉각적인 행복을 누릴 수 있습니다.

알랭 드 보통은 《행복의 건축》에서 "집은 물리적일 뿐 아니라 심리적인 성소"라고 말하면서 "방 하나가 우리의 기분을 바꾸어 행복에 기여할 수 있다."고 강조합니다.

예전에는 한집에 가족 네 사람이 살아도 충분하다고 생각했습니다. 그래서 자녀가 성인이 되어도 결혼하기 전까지 부모와 함께 사는 것이 당연하게 여겨졌습니다. 그러나 최근에는 스무 살이 넘으면 부모에게 독립해 혼자만의 공간을 마련하는 문화가 확산하면서 가족이 넷이면 3개의 집이 필요해졌습니다. 부모가 사는 집 하나, 저마다 독립한 자녀가 사는 집 둘. 어쩌면 지금 우리는 행복하기 위해 자기만의 집이 필요한 것인지도 모르겠습니다.

일인 가구가 가진 마음의 양극화

일인 가구의 확산은 자연스레 가족 형태에도 다양한 변화를 불러옵니다.

혼자만의 시간과 공간을 고집하는 젊은 세대 사이에 결혼하지 않고 함께 지내는 동거 문화가 확산한 것도 그 한 예입니다. 보수적인 가족 관념을 지니고 있는 기성세대와 달리 많은 자녀 세대가 새로운 가족 구성을 거리낌 없이 받아들이는 것입니다.

독일에서 유학하던 당시에 친하게 지낸 할머니가 있었습니다. 이분은 오래전 남편과 사별해 홀로 자녀를 키우고 독립시킨 뒤 혼자 살았습니다. 근처에 살고 있는 자녀는 자주 어머니 집에 들러 안부를 살폈고, 가족은 서로 깊이 신뢰하고 화목하게 지냈습니다. 할머니는 일인 가구가 분명했지만 자녀와 여러 친구와 친밀감을 쌓아 결코 외롭지 않아 보였습니다. 혼자 살지만 자녀와 유기적으로 연결되어 있기 때문에 어쩌면 주거 공간만 분리된 일인 가구라고 볼 수 있습니다.

인간은 친밀한 소통을 통해 일체감과 안정감을 얻습니다. 자기만의 공간에서 심리적 안정을 누린다고 해도 일인 가구 역시 가족이나 친구와 맺는 건강한 관계가 필요합니다. 실제로 혼자 사는 사람이라도 사는 공간만 분리된 채 가족과 돈독하게 지내거나 부모, 형제자매와 관계는 소원하지만 마음 맞는 친구가 '유사가족' 역할을 대신하는 경우 삶은 더욱 여유롭고 편안해 보입니다. 하지만 자기만의 공간에 빠져 가족이나 친구와 어떤 소통도 하지 않고 지내는 경우 고립과 단절이 깊어지면서 자주 심리적인 안정감이 무너집니다. 결국 일인 가구 안에서도 소통의 문제가 삶의 질 차원에서 양극화를 심화할 수 있는 것입니다.

우리는 누구나 자유의 욕구가 있고, 이것이 독립과 분리를 가능하게 합니다. 그러나 우리는 자유의 욕구 못지않게 타인과 친밀해지고 싶고, 사랑받고 싶은 욕구 또한 존재합니다. 에리히 프롬은 친밀감과 사랑의 욕구를 '일체감'이라고 표현합니다.

누군가에게 일체감을 얻으려면 역설적이게도 자유의 욕구는 어느 정도 눌러야 합니다. 그렇다고 자유를 누르고 일체감에 매달리기만 한다면 친밀한 관계는 오랫동안 지속되기 어렵습니다. 자유와 사랑의 욕구는 인생의 두 날개입니다. 자유만으로 날 수 없고, 사랑이라는 한쪽 날개만으로 나는 것도 어렵습니다. 두 날개 모두 균형을 이뤄야 인생의 날개가 활짝 펼쳐집니다.

제가 상담을 통해 만난 20대 간호사인 영희는 병원 근처에 위치한 오피스텔에서 독립해 살고 있는 일인 가구였습니다. 영희는 자기만의 공간을 카페 분위기가 물씬 풍기게 꾸미고, 집 꾸민 사진을 SNS에 공유하면서 다양한 친구도 생겼습니다. 영희는 고된 하루를 마치고 집에 돌아올 때마다 자기만의 공간에서 조용하고 편안한 생활을 누릴 수 있다는 게 얼마나 큰 행운인지 감사한 마음마저 들었습니다. 게다가 가족이 가끔 방문해 영희의 생활을 보살폈고, 그녀 또한 한 달에 한두 번은 주말에 가족을 방문해 함께 시간을 보냈습니다.

영희는 독립한 지 1~2년까지는 가족과 친구, SNS에서 만난 지인들과 교류하면서 자유와 사랑의 욕구의 균형을 적절하게 유지해나갔습니다. 그런데 어느 순간부터 혼자만의 공간에 들어오는 게 두려워졌습니다. 문득 외롭다는 생각이 들고, 아무도 없는 공간이 낯설었습니다. 영희는 다시 부모 집으로 들어갈까 고민했지만 그동안 자신이 독립된 공간을 유지하기 위해 애쓴 과정, 혼자 익숙해진 생활의 편안함이 떠올라 도무지 엄두가 나지 않는다고 고민을 털어놓았습니다.

독립에서 누리는 자유 속에 왜 외로움이, 불안이 도사리는 것일까요?

일인 가구는 도시적인 삶의 한 형태로 비치기도 하지만 '가족으로부터의 분리'에서 오는 근원적인 불안이 내재할 수 있습니다. 에리히 프롬은 《사랑의 기술》에서 "분리는 모든 불안의 원천"이라고 말합니다.

혼자 사는 사람의 고통은 독립과 자유가 주는 편안함과 분리에서 오는 불안감이라는 양가감정을 느낀다는 데 있습니다. 서로 다른 감정이 적절한 균형을 유지하면 편안하고 건강한 삶이 가능하지만 분리에서 오는 불안이 커지고 외로움에 고통받는다면 삶의 균형이 깨지고 맙니다.

퇴근해 혼자 사는 공간으로 돌아와 TV와 스마트폰을 들여다보며 하루하루 지내다 보면 한순간 외로움이 밀려옵니다. 분리에서 오는 근원적인 불안이 건드려진 것이죠. 불안은 자기도 모르게 수치심과 죄책감을 유발해 마음을 더욱 혼란스럽게 하고, 수면장애 같은 다양한 마음의 병이 몸의 증상으로 나타날 수 있습니다.

인간에게 독립과 자유는 공기 같은 것일까

에리히 프롬은 인간이 가진 가장 절실한 욕구가 "분리 상태를 극복해서 고독이라는 감옥을 떠나려는 욕구"라고 말합니다.

누구나 혼자 사는 것이 '고독의 감옥'으로 느껴지면 그 고통에서 벗어날 방법을 모색합니다. 예를 들어 불편을 감수하고 다시 부모 집으로 돌아가거나 동거나 결혼을 통해 누군가와 함께 사는 새로운 삶의 형태일 수 있고, 일과 오락에 매진하거나 알코올과 섹스를 비롯한 여러 중독에 의존하는 모습일 수 있습니다.

부모와 자녀가 함께 사는 가족은 일종의 '팀워크'가 가능해 밀려오는 외로움에 공동으로 대응할 수 있습니다. 하지만 함께 사는 가족이라도 팀워크 기능이 떨어지고 긴장과 갈등을 유발하면 혼자 사는 사람보다 더 큰 스트레스에 처할 수 있습니다. 반면에 일인 가구는 분리에서 오는 외로움과 불안을 혼자 대응해야 하지만 그만큼 스스로의 행동에 책임감을 키울 수 있습니다.

에리히 프롬은 "겉으로 행복해 보이는 가족 안에서 긴장과 갈등이 발생하면 이것을 은폐할 가능성이 크며, 이러한 가족 분위기에서 사는 것보다 차라리 분리하는 것이 낫다."고 강조합니다. 공공연한 분리는 용감한 결정이 필요한데, 참을 수 없는 상태를 끝내는 방법을 가르쳐줄 수 있기 때문입니다. 화목한 모습으로 포장된 가족을 연기하는 것보다 분리가 더 나은 선택이라는 에리히 프롬의 말은 곱씹어볼 가치가 있습니다.

우리에게 독립과 자유는 공기 같은 존재가 아닐까 생각합니다. 공기는 보이지 않아 전혀 의식하지 않지만 조금이라도 부족하면 매우 고통스럽기 때문입니다. 그렇다고 독립과 자유가 삶 전체를 지배하는 것은 아닙니다. 부모로부터 독립해 혼자 사는 사람은 가족 관계에서 비롯하는 귀찮고 불편한 감정에서 해방되지만 그만큼 모든 것을 혼자, 스스로 해결해야 합니다. 집을 돌보고 생활을 꾸리는 것뿐만 아니라 마음의 평온함과 심리적 만족감을 유지하는 것도 혼자 사는 사람이 스스로 책임져야 할 몫입니다. 혼자 감당해야 하는 책임이 굴레가 되지 않고, 진정한 독립으로 이어지려면 무엇보다 건강한 '관계'의 끈을 놓지 않아야 합니다.

✳ ✳ ✳

가족을 벗어나 자기만의 공간에서 혼자만의 삶을 누린다고 해도 다양한 관계와 맞닥뜨릴 수밖에 없습니다. 오히려 가족과 함께 지낼 때는 부모라는 방패가 있지만 자칫 혼자라는 사실 때문에 감당할 수 없는 관계에 더 쉽게 노출될 우려가 있습니다.

일인 가구로 행복하게 살아가려면 팀워크의 네트워크를 잘 유지해야 합니다.

우선 가족과 원활하게 소통하는 것이 중요합니다. 지나치게 자주 가족을 방문할 필요는 없지만, 경계가 너무 멀어져도 안 됩니다. 자녀가 독립한 뒤 가족 사이가 지나치게 멀어졌다고 느끼면 부모 쪽에서 먼저 부정적인 메시지가 올 가능성이 큽니다. 부모는 대부분 자녀보다 분리를 더욱 힘들어합니다.

에리히 프롬은 "자녀를 사랑하는 어머니인가 아닌가 가려내는 시금석은 분리를 견딜 수 있는 능력에 달려 있다."고 말합니다. 하지만 분리는 오직 부모만 감당해야 할 몫이 아니라 자녀와 함께 적절한 경계를 세우는 공동 작업입니다. 가족 사이에 거리가 너무 멀면 자녀 또한 외따로이 소외됐다는 감정이 생기기 때문에 부모와 자녀는 적당한 경계를 관리해야 합니다.

일인 가구로 행복하게 살아가려면 가족 말고도 마음을 터놓고 함께 이야기를 나누고 서로의 일에 관심을 기울여주는 사람이 필요합니다. 친구, 동료, 이웃, 동우회 등 또 하나의 유사한 가족 구성원을 확보해 사회적 네트워크를 적절하게 관리할 수 있어야 진정한 자유와 독립, 친밀감과 일체감에 균형을 유지할 수 있습니다.

부모로부터 독립해 혼자만의 공간을 마련해도 '가족'이 드리우는 그림자는 사라지지 않습니다. 자기 자신의 내면과 마주하는 아지트, 또 다른 가족을 만나기 위해 잠시 머무는 정거장일지 모르는 혼자만의 공간에서 소외와 불안을 떨어내고 빛과 그림자가 적당하게 어우러진 진정한 행복과 마주하기 위해서는 반드시 건강한 소통이 필요합니다. 그 소통의 시작은 결국 '가족'에서 비롯하겠지요.

"우리에게 독립과 자유는
공기 같은 존재가 아닐까."

가족 회복

가족이라는 혼돈, 숲, 세계 그리고 우주

Class
13

부모와 자녀에서 출발해 모든 새로운 가족이 시작된 부부, 세대와 세대가 담을 쌓은 세상의 풍경, 관계에 어려움을 겪고 스스로에게 분노하거나 '자기만의 방'에 탐닉하는 청춘의 모습까지 우리는 '가족 공부'의 기나긴 여정 그 종착역에 다다르고 있습니다.

사랑하지만 너무 미워하고, 고된 세상에서 유일하게 쉴 수 있는 안식처였지만 모든 상처를 가르쳤던 그 시원(始原)에는 결국

'사랑'이 샘솟고 있습니다.

우리는 모두 예외 없이 가족 안에서 세상을 향한 첫 발걸음을 내디뎠습니다. 아무리 드넓은 강물도 그 시작이 깊은 산속에 숨은 조그만 옹달샘이듯 가족도 마찬가지입니다. 시원에 자리한 물은 한없이 맑고 투명합니다. 하지만 어떤 사랑도 아내와 남편, 부모와 자녀에게 뻗어나가면서 숱한 갈등과 상처와 부딪친다면 감정의 찌꺼기가 뒤섞이면서 오염될 수밖에 없습니다.

소설가 김훈이 쓴 에세이 《자전거여행》에는 광릉 숲에 관한 이야기가 나옵니다. 광릉은 조선 7대 임금 세조와 왕비 윤 씨의 무덤입니다. 현재 광릉 숲은 사냥을 즐겼던 세조의 사냥터입니다. 임금이 자신이 누비던 사냥터 한가운데에 묻히는 바람에 능침 일대는 신성한 공간으로 여겨져 나무를 베거나 돌을 캐고, 땅을 일구거나 매장하는 일이 금지됐습니다. 나라에서 엄격하게 통제한 덕분에 숲은 온전히 보존되었고, 건강한 산림이 세세손손 대물림되었습니다.

광릉은 오래된 숲, 가장 질서 잡힌 숲의 전형입니다. 숲은 오랜 시간에 걸쳐 완성된 생태계를 지향합니다. 솔숲 그늘에서 자라던 참나무는 소나무보다 키가 자라면서 소나무 세력을 밀어냅니다. 소나무 시대가 저물고 참나무 시대가 열리는 것입니다. 그리고 참나무 일종인 서어나무가 군락을 이루는 숲으로 나아

갑니다. '생태적 조건에서 오랫동안 안정을 지속하는 숲'을 '극
상림(極相林)'이라고 하는데, 식물학자들은 서어나무가 군락을
이룬 광릉을 이렇게 부릅니다. 광릉처럼 안정된 숲은 나무들의
세력이 조화를 이루어 먹이사슬이 정돈되고, 여기에 깃든 모든
풀, 새, 벌레, 짐승에 이르기까지 건강한 위계 속에서 질서를 유
지합니다.

인간의 역사는 질서를 향한 투쟁의 역사

모든 생태계는 완벽한 질서를 지향하지만, 다시 무질서로 돌
아가려는 경향성 또한 지니고 있습니다. '엔트로피(Entropy)'
법칙에 따르면 극상림의 숲은 번개가 몰아쳐 산불이 일어나
거나 홍수가 범람하는 등 갑작스러운 자연재해로 황폐화됩니
다. 한순간 휘몰아친 위험 때문에 숲의 질서가 깨지는 것이죠.
엔트로피는 열역학 제2법칙으로 우주가 점점 시간이 갈수록
무질서의 정도가 증가한다는 이론입니다. 숱한 시간 동안 안정
을 유지하던 분명한 위계질서가 그 끝에 다다르면 한순간에 혼
돈에 빠져 사라질 수 있다는 것이죠. 하지만 위계질서 맨 밑바
닥에 자리한 식물에게는 기회가 찾아온 것입니다. 그동안 주인

공을 독차지한 서어나무 군락이 쇠퇴하면서 다른 나무들의 각축장이 마련되는 것이죠. 그 후 오랜 시간이 흐르면 숲은 다시금 완벽한 질서를 회복하고 또 다른 수종이 주인공이 된 극상림으로 자리할 것입니다.

우리는 광릉 숲에서 생태계의 기나긴 역사와 변화, 미래의 방향까지 바라볼 수 있습니다. 이러한 코스모스와 카오스의 반복성은 자연 생태계를 넘어 우주 전체로 확대되고, 인간의 역사와 사회, 가족의 영역까지 소급합니다.

레비스트로스*는 "인간 사회에서 진보와 동시에 발생하는 요인이 무질서"라고 말합니다. 질서를 향해 나아가는 것 같지만 사실 무질서를 향해 나아간다는 것이죠. 레비스트로스는 본질적으로 사회를 엔트로피라고 보았습니다. 인간 사회 역시 자연의 법칙에 속한다는 것이죠.

문화는 인간이 만들어내는 거대한 질서입니다. 인간 문화는 질서를 향해 나아가지만 동시에 무질서를 향합니다. 미개발된 원시사회는 후대 인간이 이룩한 문화보다 질서가 적은 대신 훨씬 적은 혼란과 무질서, 엔트로피를 생산합니다. 반면에 고도의 문명을 이룬 도시사회는 진보의 크기만큼 많은 엔트로피를 만

---

* Claude Levi-Strauss(1908~2009) 프랑스의 저명한 인류학자이자 민족학자로, 구조주의 인류학의 창시자이다.

들어냅니다.

과거에는 태양계의 에너지원인 태양이 영원할 것이라고 믿었지만 현재에는 수많은 시간이 흐르면 빛을 잃고 소멸할지 모른다고 이야기합니다. 에너지를 다 소모한 태양은 초신성이 되어 빅뱅을 일으킨 다음 우주의 먼지로 돌아가고, 태초의 혼돈에서 시작된 세계는 다시 태초의 혼돈으로 돌아가는 것입니다.

우주 전체라는 거대한 시스템 안에서 질서를 의미하는 코스모스와 무질서, 혼돈을 나타내는 카오스는 끊임없이 반복되고 있습니다. 카오스를 코스모스로 바꾸려면 엄청난 에너지를 투입해야 합니다. 그러나 질서를 유지하기 위해 투입하는 에너지가 부족해지면 다시 무질서로 돌아갈 수밖에 없습니다.

인간의 역사는 자연에 대항해서 끊임없이 질서를 만들어내려는 투쟁의 역사입니다. 예를 들어 의학은 질병을 예방하고 치료하는 분야이지만 무질서의 영역에 있던 마법과 주술을 질서로 옮겨 놓는 작업이기도 했습니다.

몸의 질병은 마음의 자가치료이다

이상적이고 완벽해 보이는 가족은 코스모스의 세계입니다.

가족 안에서 완벽한 조합과 질서를 유지하기 위해서는 엄청난 에너지가 필요합니다. 그만큼 쉽게 피로해지고, 그만큼 무질서가 쌓이는 과정입니다.

그러나 완벽하지 않고, 다투고 화해하고 갈등하고 오순도순 살아가는 과정을 반복하는, 즉 적당한 무질서를 포함하고 있는 가족이 더욱 기능적이고 건강할 수 있습니다. 질서가 적기 때문에 엔트로피가 줄어들기 때문입니다.

우리는 완벽해 보이지만 속내는 그렇지 않은 가족을 흔히 '쇼윈도 가족'이라고 부릅니다. 보이는 것만큼 행복하거나 건강하지 않고, 유리처럼 깨지기 쉽다는 의미인 것이죠. 쇼윈도 가족은 내부에 무질서로 향하는 강한 에너지가 흐릅니다. 그 혼돈을 향하는 에너지는 어느 순간 나비 효과를 일으켜 예기치 않은 불확실성이 증가하고 카오스로 치달을 수 있습니다.

의학에서는 우리 몸의 균형이 깨졌기 때문에 질병이 발생한다고 진단합니다. 이른바 몸의 코스모스 세계가 깨지고 카오스의 무질서가 엄습한 것입니다. 마음의 상처는 언제나 몸의 질병과 깊이 연결되어 있습니다. 마음의 문제가 너무 벅차 끙끙거리고 고통스러워하면, 결국 우리 몸의 시스템에 영향을 끼쳐 질서를 무너뜨리고 질병을 일으킵니다.

플랜더스 던바[*]는 "야심이 강하고 경쟁심이 심하고 적대적인 사람은 심장마비에 걸리기 쉽고, 감정 표현이 서툴고 내성적이며 완벽주의를 추구하는 사람은 암에 잘 걸린다."고 진단했습니다.

육체의 질병은 '마음의 자가치료' 행위일 경우가 많습니다. 상처를 숨기고 말문을 닫아버린 사람의 억눌린 감정을 몸이 대신 표현하는 것입니다.

프랭크 알렉산더[**]는 "신경성 고혈압, 신경성 두통, 기관지 천식, 류머티즘성 관절염, 신경성 피부염, 위궤양, 십이지장궤양, 긴장성 대장염이 심인성 질환"이라고 진단했습니다. 사회적, 심리적인 요인이 발병의 원인이거나 상태를 악화시킬 수 있다는 것이죠. 이러한 심인성 질환은 마음을 편하게 하면 자연스레 치료할 수 있습니다.

원인을 알 수 없는 위염, 두통, 복통, 여드름 같은 육체적인 증상은 마음의 갈등을 돌보지 않고 내버려두었을 때 신체를 통해 드러나는 증상일 가능성이 높습니다. 따라서 몸의 질병을 치료하려면 무엇보다 마음을 함께 살피는 것이 중요합니다.

---

[*] Helen Flanders Dunbar(1902~1959) 미국 예일대학교 출신의 의사이자 정신분석가로 '미국심신의학회'를 창립했다.
[**] Frank Alexander 프로이트의 제자로 〈7개의 심인성 질환〉을 발표하면서 심인성 질환 의학이 공식적인 영역에 들어서는 데 기여했다.

몸은 마음의 상태를 반영하는 거울

배르벨 바르데츠키는 "누군가를 죽도록 미워하고 말할 수 없는 상처 때문에 속앓이하고, 참을 수 없는 분노 때문에 매일 밤 잠 못 이룬다면 결국 몸에 탈이 날 수밖에 없다."고 진단합니다. 몸이 느끼는 통증을 잠재울 수 있는 약을 찾아 이 병원 저 병원을 전전하기보다 마음을 먼저 들여다보라고 권유하는 것이죠.

누군가를 죽도록 미워하고 싫어하는 감정은 엄청나게 부정적인 에너지를 발산합니다. 이러한 에너지는 당장 우리의 감정과 면역 체계에 영향을 끼쳐 균형을 무너뜨립니다. 몸의 질서가 무너지고, 이른바 무질서가 증가하면 특정 기관에 손상이 발생할 수 있습니다.

우리의 몸과 마음은 따로 구분된 세계가 아니라 '나'라는 거대한 코스모스를 이루는 한 부분인데, 수많은 사람이 자기도 모르게 엔트로피 법칙에 따라 무질서를 향해 나아갑니다. 무질서와 불확실성의 세계를 지향하는 엔트로피의 양을 줄이려면 정보를 늘려야 합니다.

질서와 무질서의 균형을 일정하게 유지시킬 수 있는 정보, 그 힘은 오직 소통입니다. 우선 자신의 마음과 몸을 들여다보고 자기 내면과 대화하는 것이 중요합니다. 밖으로만 향하던 에너지를 자기를 돌보는 데 사용하는 순간, 마음을 괴롭히는 고통에서 잠시 물러나는 순간, 몸은 스스로 나를 치료하기 시작합니다.

※ ※ ※

가족상담은 부모와 자녀, 아내와 남편, 가족으로 엮인 수많은 관계 사이에 놓인 무질서를 질서로 바꾸는 작업입니다. 그러나 완벽하게 질서로 바꾸는 것이 아니라 적당한 질서와 무질서가 공존하며 건강하게 기능할 수 있는 가족의 변화를 이끌어내는 작업입니다.

"너무 많이 변하면 다시 제자리로 돌아온다."는 프랑스 속담이 있습니다. 가족상담에서 갈등과 고통을 해결하는 실마리는 대부분 코스모스와 카오스 중간지대에 존재합니다. 질서와 무질서가 뒤섞인 현실을 벗어나는 것은 오직 가족의 몫입니다.

상처받고 메마른 땅이 완벽한 조화를 이루는 극상림으로 우거지려면 오랜 기다림이 필요합니다. 가족에게 휘몰아친 혼돈이 균형을 이루고, 무질서한 현실에서 조금씩 질서가 태어나 조화를 이루기 위해서는 결국 빛과 물, 그늘과 바람 같은 소통이 필요합니다. 앞서 말했지만 그 출발은 자기 자신과 내면을 들여다보는 것에서 시작됩니다. 그리고 가족 또한 질서와 무질서의 균형을 이루는 정보, 소통을 통해 서로에 대해 좀 더 관심을 기울여야 합니다.

소통은 두 세계를 잇는 도구입니다. 한 사람은 질서와 무질서가 공존하는 하나의 세계입니다. 한 사람과 한 사람을 잇는 소통은 결국 하나의 세계와 또 하나의 세계를 연결하는 일종의 우주입니다.

부모는 자녀와 소통할 때 자신들이 살아온 세계에서 만들어진 선입관을 버리고, 새로운 세계를 여행하듯 호기심을 지니고 바라봐야 합니다. 자신들이 살아온 세계에 갇혀 자녀의 세계를 일방적이고 부정적으로 판단하고 바라본다면 다른 세계 너머에 존재하는 수많은 희망과 가능성을 영원히 모르고 지나칠 수 있습니다.

호기심은 새로운 세계를 이해하고, 건강하게 소통하게 하고, 나아가 새로운 세계를 열어줍니다. 부모와 자녀, 기성세대와 젊은 세대 사이에 도사린 긴장과 갈등을 풀 수 있는 유일한 해결책은 서로의 세계를 인정하고, 호기심 어린 눈으로 다음 세대의 시간이 건네는 목소리에 가만히 귀 기울이는 것입니다. 그렇게 세계와 세계가 만나 또 다른 세계를 약속할 때 가족이라는 세상에서 가장 작은 우주는 건강한 뿌리를 내리고, 찬란한 잎을 틔우고, 온 세상의 질서를 회복하고 아름답게 물들일 것입니다.

"마음의 상처는 언제나
몸의 질병과 연결되어 있다."

지금 당신의 가족은
어떤 모습입니까?

가족은 우리가 가장 처음 만나는 세상입니다.

세상의 풍경은 모두 엇비슷해 보이지만 자세히 들여다보면 저마다 다른 색깔을 품고 있듯 부모와 자녀, 아내와 남편으로 구성된 단출한 가족도 문을 열고 들어가면 수천 가지 표정을 숨기고 있습니다.

누군가에게 가족은 가장 소중한 피난처이지만 또 다른 누군가에게는 가장 위험한 전쟁터입니다. 가족에게 사랑과 평화를 느끼기도 하지만 가족이야말로 가장 큰 상처와 짐의 근원이기도 하죠.

가족의 아픔과 상처에는 어쩔 수 없는 운명이란 존재하지 않습니다. 그 운명은 얼마든지 바꿀 수 있습니다. 그렇다면 아픔과 상처를 바꿀 수 있는 방법은 무엇일까, 그 근원적인 질문을 탐색하기 위해 지금까지 여정을 함께한 것 같습니다.

오늘이 과거를 만든다
·····················

우리는 과거에 받은 상처가 건드려지면 도무지 이해할 수 없는 행동으로 대응하곤 합니다. 이성적이고, 합리적이고, 건강한 방식으로 해결할 수 있는데도, 마치 지금 그 부위에 생채기가 난 것처럼 예민하게 반응하는 것입니다. 특히 누군가에게 사랑받지 못하고, 인정받지 못한다고 느낄 때 내 안에 숨은 상처는 자주 정체를 드러냅니다.

어린 시절의 경험은 긍정적이든 부정적이든 우리 삶에 흔적을 남깁니다. 프로이트의 말에 따르면 유년기에 상처를 경험한 사람들이 보이는 특징이 있는데, 그 사람 안에 과거의 어린아이가 머물고 있다는 것입니다. 외로웠던 아이는 성인이 된 지금도 그 시간에 머물면서 똑같은 불행을 반복한다는 것이죠.

상처를 간직한 많은 사람은 오히려 이렇게 말합니다.

"과거는 과거일 뿐 더 중요한 건 현재와 미래 아닐까요?"

그 사람들의 말은 틀리지 않습니다. 당연히 과거보다 오늘이 더 중요하고, 오늘 어떻게 사는가에 따라 미래의 표정이 달라질 수 있습니다. 하지만 우리가 어제를, 과거를, 역사를 반드시 기억해야 할 이유가 있습니다. 과거를 기억하지 않으면 현재와 미래 또한 지난 시간의 재현일 가능성이 높기 때문입니다. '역사를 잊은 민족에게 미래는 없다.'는 말처럼 과거를 외면하기만 하면 지난 상처가 현재 안에 여전히 똬리를 틀고 오늘을 지배할 수 있습니다.

심리치료의 주제는 한마디로 '카르페 디엠', '현재를 살아라.'라고 표현하는데, 이 또한 오늘 살아가는 마음의 풍경이 모두 결국 과거, 기억으로 자리하기 때문에 바로 이 순간 자기 자신을 사랑하고 타인과 건강한 관계를 맺어야 처음부터 과거의 사슬을 끊을 수 있다는 의미일지 모릅니다.

프로이트는 과거의 상처는 끊임없이 반복될 수 있다고 경고합니다. 우리가 앞서 살펴봤듯이 어린 시절 겪은 상처에서 헤어나지 못하는 사람은 무의식적인 전이와 투사를 통해 현재 안에 과거의 상처와 갈등을 뒤섞고, 결국 어제와 오늘, 미래가 혼재된 삶을 살아갑니다.

상처는 내면의 옷장이 쏟아지는 것이다

기나긴 인생을 살다 보면 과거에 상처를 주었던 가해자에 대한 분노는 조금씩 흐려지는데, 그 주변에서 충분히 공감하고 지지해주지 않은 사람이 더 아프고, 용서되지 않을 때가 있습니다. 그렇게 상처는 상처 자체에 머물지 않고, 오늘 또 다른 모습으로 찾아오려고 기회를 노립니다.

상처받은 사람은 내면의 옷장이 쏟아진 것입니다. 아무리 지난 시간을 잊고 오늘을 살다가도 예기치 않은 상처가 찾아오면 마음 깊이 쌓아놓은 옷장이 갑자기 쓰러져버리는 것입니다. 그러면 다급한 마음에 옷장을 일으키고 흩어진 옷가지를 대충 집어넣습니다. 그리고 문을 닫아버립니다. 겉으로 보면 괜찮아 보이지만 근본적인 문제는 해결되지 않고 옷장 안에 그대로 뒤엉켜 있습니다.

그렇게 시간이 지나 마음의 여유가 생기면 대충 집어넣었던 옷장의 옷들이 떠오릅니다. 다시 문을 열고 하나하나 꺼내 버릴 것은 버리고 갤 것은 개면서 정리하고 싶지만 엄두가 나지 않습니다. 과거의 상처를 극복하는 과정 중에서 내면에 뒤얽힌 감정의 찌꺼기를 정리하고 문을 닫는 '직면'이 가장 힘든 과정이기 때문입니다. 상처받은 사람은 결국 어지러운 옷장을 외면한 채 또 다른 내일을 살아갑니다.

어린 시절 겪은 상처는 반드시 해결해야 합니다. 내면에 쏟아진 옷장을 대충 묻어두고 외면하지 말고, 기억하고 싶지 않은 과거의 상처와 마주보아야 합니다. 문을 닫아건 과거의 상처와 만나고 치유하고 회복하는 여정에서 가장 중요한 부분이 있습니다. 핵심은 내게 상처를 주었던 가족이나 주변 사람을 용서하고 화해하는 게 아닙니다. 바로 상처받은 '나' 자신을 존중하고 용서하는 것입니다. 가해자에게 분노와 원망을 쏟아내는 게 아니라 무기력하게 상처를 떠안을 수밖에 없던 나약한 자기 자신을 보듬어주는 것입니다. 자기 자신을 더 이상 수치스러워 하지 않고, 따뜻한 손을 내미는 순간 비로소 진정한 화해가 시작될 수 있습니다.

모든 상처의 회복은 '나를 사랑하는 것'에서 시작된다

저는 상담실에서 과거에 받은 상처 때문에 또다시 고통을 겪을까 봐 고슴도치처럼 가시를 세우고 살아가는 사람을 많이 보았습니다. 자신이 받은 상처가 너무 커서 자신도 모르게 주변 사람을 끊임없이 원망하고 의심하면서 모든 책임을 전가하는 모습을 지켜보는 것은 무척 힘든 과정이었습니다.

상처에서 헤어나지 못하는 사람에게 세상은 오직 상처만 주는 가해자만 존재합니다. 언제나 자기 자신이 불행한 피해자라고 투덜대는 그들은 안타깝게도 타인뿐만 아니라 자기 자신도 좋아하지 않습니다. 타인을 소외하는 만큼 스스로를 자기 자신으로부터 소외시키고, 또다시 상처받을까 봐 두려워하는 상황을 반복합니다.

가장 뼈아픈 상처는 끊임없이 나를 따라다니는 과거의 그림자가 아니라 지금 이 순간 자기 자신마저 미워하고, 소외시키는 '내가 나에게 주는 상처'입니다. 내가 나를 용서하지 않으면 우리의 삶은 전혀 달라질 수 없습니다.

상처받은 나 자신을 용서하는 과정에서 가장 필요한 것은 스스로를 바라보는 관점의 변화입니다. 상처의 경험을 도식적으로 가해자와 피해자에 고정하지 않고, 상처받을 당시의 자신과 현재의 자신으로 분리해서 보아야 합니다. 상처받던 어린 시절의 나와 성인이 된 현재의 내 모습을 구분해서 본다면 상처의 전체적인 그림이 한눈에 들어옵니다. 이러한 작업을 '객관화'라고 말합니다.

'어린 시절 나 자신은 당연히 문제를 해결할 수 없었어. 너무 어렸고, 아무리 애를 써도 가족을, 환경을 내 힘으로 바꿀 수 없었어. 어린 시절 나는 약하고, 무기력하고, 사랑받지 못했어. 하지만 지금 나는 외롭지 않아. 나는 오히려 그 시간을 견뎌준 어린 내가 너무 고마워. 힘든 시간을 버티고 견딘 내가 너무 고마워. 내가 나를 너무 미워해서 정말 미안해……'

상처받은 어제의 나와 비록 고통의 근원을 해결하지 못했지만 지금까지 건강하게 견뎌준 오늘의 나를 구분해 바라보는 노력을 계속하다 보면 상처를 극복하고, 자기 자신을 사랑하고, 나아가 타인을 이해하고 보듬어줄 수 있는 힘까지 얻을 수 있습니다.

✳ ✳ ✳

가족의 아픔과 상처에는 극복할 수 없는 운명이란 존재하지 않습니다.

가족은 우리가 평생 풀지 못한 숙제이지만 우리가 평생 가슴속에 지닌 희망이기도 합니다.

세상에서 가장 친밀한 적인 가족에게 받은 상처를 극복하는 여정의 출발은 자기 자신과의 관계를 회복하는 것에서 시작합니다. 내 내면이 건강해질 때, 가족과 함께하는 또 다른 내일을 약속할 수 있습니다.

지금까지 수많은 가족에 관해 이야기했지만 모든 가족의 출발은 바로 자기 자신입니다.

가족에게 상처받은 사람이 있다면, 여전히 인생에서 풀지 못한 숙제가 있다면 자기 자신을 좀 더 좋아하고, 자신에게 따뜻한 손길을 내밀 수 있었으면 좋겠습니다. 어떻게 하면 사람들이 나를 좋아할까, 어떻게 하면 사람들과 좋은 관계를 맺을까 고민하기에 앞서 '어떻게 하면 나를 좀 더 사랑할 수 있을까.' 내면을 들여다보는 시간을 가졌으면 좋겠습니다.

우리는 모두 가족이 있습니다. 어린 시절의 가족, 지금의 가족, 또 미래의 가족도 있을 테지요. 우리는 태어나서 죽을 때까지 어떤 방식으로든 가족에게 둘러싸여 살아갈 수밖에 없습니다.

지금 당신이 함께하고 있는 가족은 어떤 모습입니까?

상처와 고통인가요, 기쁨과 희망인가요. 하지만 그 모든 가족이 어떤 표정을 짓고 있든 모든 것은 내가 나 자신을 어떻게 받아들이고, 변화하고, 노력하는가에 따라 얼마든지 달라질 수 있습니다. 내가 나를 사랑하는 것. 바로 그 마음의 씨앗이 상처와 갈등으로 메마른 가족을 적시는 한 방울 봄비라는 사실을 반드시 기억하기 바랍니다.

EBS 클래스ⓔ 시리즈 28

가족공부
우리가 평생 풀지 못한 마음의 숙제

1판 1쇄 발행 2022년 5월 20일
1판 4쇄 발행 2023년 11월 30일

지은이 최광현

펴낸이 김유열
편성센터장 김광호 | 지식콘텐츠부장 오정호
단행본출판팀 | 기획 장효순, 최재진, 서정희 | 마케팅 최은영 | 제작 정봉식
북매니저 윤정아, 이민애, 정지현, 경영선

책임편집 임수현 | 디자인 co*kkiri | 인쇄 우진코니티

펴낸곳 한국교육방송공사(EBS)
출판신고 2001년 1월 8일 제2017-000193호
주소 경기도 고양시 일산동구 한류월드로 281
대표전화 1588-1580 홈페이지 www.ebs.co.kr
전자우편 ebs_books@ebs.co.kr

ISBN 978-89-547-6633-3 04300
      978-89-547-5388-3 (세트)

ⓒ 최광현 2022